三國志

중국을 만들고
일본을 사로잡고
조선을 뒤흔든 **책 이야기**

지은이   이은봉
■
2016년 8월 26일 초판 1쇄 발행
■
책임편집   홍보람
기획·편집   선완규·안혜련·홍보람·秀
기획·디자인 아틀리에
■
펴낸이   선완규
펴낸곳   천년의상상
등록   2012년 2월 14일 제2012-000291호
주소   (03983) 서울시 마포구 동교로 45길 26 101호
전화   (02) 739-9377
팩스   (02) 739-9379
이메일   imagine1000@naver.com
블로그   blog.naver.com/imagine1000
■
© 이은봉, 2016
■
ISBN   979-11-85811-25-3 03910
■
이 도서의 국립중앙도서관 출판예정도서목록(CIP)은 서지정보유통지원시스템 홈페이지(http://seoji.nl.go.kr)와
국가자료공동목록시스템(http://www.nl.go.kr/kolisnet)에서 이용하실 수 있습니다.
(CIP제어번호: CIP2016019318)

중국을 만들고
일본을 사로잡고
조선을 뒤흔든 책 이야기

이은봉 지음

천년의상상

■ 일러두기

1. 진나라 학자 진수가 쓴 위·촉·오 삼국의 정사正史 삼국지는 『삼국지』로, 우리가 흔히 삼국지라 부르는 소설 《삼국지통속연의》 혹은 《삼국지연의》는 줄여 《삼국지》로 표기하였습니다. 책의 제목과 장제목 소제목에서는 《 》를 모두 사용하지 않았습니다.

2. 책으로 엮인 문학 작품을 표기할 때에는 《 》로, 그 속에 포함된 서문 등은 〈 〉로 표기하였습니다. 예) 《삼국지통속연의》, 〈삼국지통속연의서〉

그 외 일반 단행본, 신문 등을 표기할 때에는 『 』를 사용하였고, 그 안의 글들은 「 」로 표기하였습니다. 예) 『논어』 「자장」, 『대한매일신보』

그림, 시, 판소리, 연극의 작품명은 〈 〉로 표기하였습니다. 예) 〈책가도〉, 〈양보음〉, 〈적벽가〉, 〈고쿠센야갓센〉

3. 이 저서는 2012년 정부(교육부)의 재원으로 한국연구재단의 지원을 받아 수행된 연구입니다. (NRF-2012S1A6A4021094)

지은이의 말

1

우리 사회에는 읽지 않았어도 읽었다고 해야 할 만큼 그래서 누군가에게는 콤플렉스로 다가오는 책이 있다. 바로 《삼국지》다. 지금은 덜하지만 불과 10여 년 전까지만 해도 40대는 삶의 지혜를 얻기 위해, 고등학생은 대입 논술을 위해 《삼국지》를 읽었으며, 중학생은 만화를 보며 키득거렸고, 대학생은 게임에 빠져 밤을 새웠다. 보수와 진보 진영에서는 걸핏하면 삼국의 인물들을 거론하며 정치를 논했고, 돈에 눈이 먼 출판사는 앞다투어 이름난 소설가들을 찾아 《삼국지》를 쓰게 했다. 말 그대로 온 나라가 《삼국지》에 빠져 있었다.

이러한 삼국지 문화를 만드는 데 견인차 역할을 한 것은 이문열의 평역 《삼국지》(민음사, 1988)다. 물론 이 배후에는 대입 논술이 있었다. 실제로 1994년 서울대 전체 수석을 한 학생이 인터뷰 중에 "이문열 《삼국지》를 열다섯 번이나 읽었어요"라고 한 말이 출판 시장을 뒤흔들었다. 이후 《삼국지》 광고에는 어김없이 '서울대학교 고전 선정 도서 — 수십만 수험생의 논술 대비형 도서'라는 수식어가 붙었다. 그리고 이 광풍의 또 다른 이면에는 '게임 삼국지'도 한몫했다. 이 게임은 1994년 2월 한국어 번역판 '게임 삼국지 2'가 출시된 이래 "《삼국지》를 읽지 않은 자와는 인생을 논하지 말라"는 말을 본떠 "게임 삼국지를 해보지 않은 자와는 게임을 논하지 말라"는 금언이 게임계에 떠돌 정도였다. 이문열 《삼국지》가 논술에 도움을 준다는 시대, 청소년들은 게임을 위해 소설을 읽었다.

이 무렵 정치권에서도 《삼국지》가 거론되었다. 1997년 대선 당시 서울대 정치학과 최명 교수가 삼국의 인물을 거론하며 선거판을 비판했고, 이후 이문열이 반론을 제기하면서 《삼국지》는 이데올로기 각축장의 중심에 서게 되었다. 출판사는 발 빠르게 이를 이용해 책을 팔았고, 이문열의 아성에 묻어가기 위해 혹은 깨기 위해 경쟁적으로 《삼국지》를 출판했다. 그리고 이문열과는 반대 진영에 있던 황석영이 《삼국지》(창비, 2003)를 펴내면서 출판 시장에 변동을 가져왔다. 하지만 민중·민족문학의 좌장격인 황석영이 번역한 《삼국지》는 이문열본에 지친 독자들의 바람과는 다르게 원본에 충실했다. 물론 이문열의 평역본과 비교하면 의미가 없는 것은 아니었지만 원전에 충실한 번역은 결국 이 소설이 가지는 중화 중심주의와 영웅사관, 국가주의를 그대로 간직한 여타 《삼국지》와 다를 바 없었다.

이즈음 1990년대 한국 문단에서 파격적이고 새로운 젊은 감각의 소설로 논쟁을 불러일으키기로 이름난 장정일이 『문화일보』에 《삼국지》를 연재했고, 2004년 11월 단행본(김영사)을 들고 나타났을 때 신문들은 일제히 환영과 우려의 기사를 썼다. 그는 우선 이문열의 평역본 이후 너도나도 정본임을 내세우는 출판 현황에 대해 《삼국지》는 애초 정본이 존재하지도 않은 허구였다면서 자신은 '번역'이 아닌 '새로쓰기'를 선택했다고 했다. 그래서 그는 춘추사관, 춘추필법, 한족 중심의 중화주의에서 벗어난 새로운 소설을 썼고, 대놓고 앞 시대 평역본이 가지는 보수성과 고답성을 비판했다.

하지만 나관중과 같은 소설을 쓰려면 최소한 나관중만큼 삼국의 역사에 정통해야 하는데 그는 그렇지 못했다. 그래서 장정일 《삼국지》를 읽는 독자들은 중화주의를 버리고 민중을 대변한다는 이야기 전개에 신선함과 재미를 느끼기도 했지만 너무 주관적으로 해석한 나머지 이는 《삼국지》가 아닌 '삼국의 이야기'를 이용한 소설이라고 비판했다. 《삼국지》가 애초에 '삼국의 이야기'에서 출발했으니 이러한 비판도 그에게 있어 나쁘지만은 않을 터이지만 자신의 이야기를 억지로 입히려다 보니 맞지 않은 옷을 입은 꼴이 되고 말았다.

2

이렇게 《삼국지》로 온 나라가 들끓고 있을 때 소위 고전문학 전공자인 나는 그 책을 읽지 않았다. 아니 정확히 읽지 못했다. 그래서 이 당시 나에게 《삼국지》는 콤플렉스를 넘어 트라우마였다. 물론 청소년 시절 만화로 주요 인물과 줄거리는 꿰고 있었지만 정작 이름난 작가들의 책은 번번이 1권도 넘기지 못했다. 우선 재미가 없었고, 이해도 되지 않았다. 지금에서야 그 이유를 알았지만 어찌 되었건 나의 20대 시절 《삼국지》는 불편한 책이었다.

박사학위 논문 주제를 잡을 무렵 어떤 텍스트로 쓸까 고민하던 차에 군담소설을 연구한 논문에서 구활자본 《조자룡전》이라는 매우 특이한 소설을 보게 되었고, 이때부터 《삼국지》에 관심을 가지기 시작했다. 특히 조선 후기에 개작된 독특한 내용의 《삼국지》가 수십여 편이 있는데도 한국 문학 연구자들은 중국 소설이라 미루고, 중국 문학 연구자들은 한국 소설이라 미루어 본격적인 논의가 이루어지지 않았다는 것을 알았다. 게다가 한국에는 마니아는 많은데 연구자는 극히 드물다는 것을 알게 되면서 무모하게 읽기 시작했고 어찌어찌하다보니 '삼국지 박사'가 되었다.

이것은 나중에 들은 이야기지만 중국 문학 연구자들 중에도 삼국지 연구자가 드문 이유는 문학적 가치가 적어서이기도 하지만 마니아 때문이라는 우스개도 있었다. 섣불리 연구하다가는 이른바 삼국지 덕후 〔오타쿠オタク〕라 불리는 전문가에게 큰코다치기 십상이라는 것이 뒷이

야기이다. 정말 그랬다. 학위를 받을 무렵《삼국지》로 청소년 강좌를 하던 중 "삼국지 박사가 그것도 몰라요" 하는 곤혹을 치렀다. 사실 그들은 소설 속 인물을 다양하게 이용하여 자신만의 삼국지를 만드는 '게임 삼국지' 덕후였다. 물론 외우다시피 소설을 읽은 학생들이기도 했다. 연구자가 작가(?)를 어찌 당해내겠는가? 그때 깨달았다.《삼국지》보다는 이를 둘러싸고 일어나는 현상들을 연구하는 게 더 의미 있다는 것을 말이다.

나는 재미없어 하는 이 소설을 왜 학생들은 재미있다고 하는 걸까? 학생들은 소위 정본이라고 하는 소설이 아닌 게임으로《삼국지》를 접했고, 게임을 잘하기 위해 소설을 읽었다고 했다. 그리고 이 게임은 버전이 올라갈수록 게이머가 게임을 하면서 스토리를 만들 수 있었다. 비록 게임 속이긴 하지만 자신이 선택한 장수나 군주로 국가를 경영하고 천하 통일을 도모할 수 있었으니 삼국지에 빠져드는 것은 당연했다. 물론 게임이 아닌 소설로도 충분히 자신의 감정을 이입할 수 있다면 천하를 손에 넣고 주무를 수 있었다. 다만 나의 20대 시절 욕망이 천하를 향하지 않았고, 정본에 가까운 번역본일수록 서사가 난삽해 몰입하기 힘들었던 것뿐이다.

사실 나는《삼국지》에서 나타나는 욕망이 싫다. 애민으로 가장한 국가주의와 민족주의 그리고 충과 의로 포장한 권모술수, 게다가 영웅주의로 꾸며진 이야기가 마음에 들지 않는다. 과잉 욕망으로 만들어진 전쟁과 이를 정당화하기 위해 백성을 파는 이야기를 가지고 도

대체 무엇을 말할 수 있단 말인가? 물론 이것이 리얼 세상 이야기이긴 하다. 그래서 매력적일 수 있다. 동양철학에서 말하는 인욕을 제거하고 천리를 보존하는 세상은 말뿐이지 이런 세상은 없다. 그리고 이런 세상을 만들자고 했던 유자儒者들도 결국 천리로 사람들을 현혹해 자신의 과잉 욕망을 채웠으니 《삼국지》 속 세상이 어쩌면 더 정직하게 다가왔을 것이다.

3

그렇다. 《삼국지》는 욕망의 서사다. 각 시대마다 나라마다 저마다의 욕망으로 서사를 변용시켰고, 읽는 사람들도 저마다의 욕망으로 이해했다. 그래서 정치적인 책이다. "《삼국지》를 세 번 이상 읽은 사람과는 상대하지 말라"라는 말이 있다. 그만큼 세상사를 꿰뚫어볼 수 있다는 말일 것이다. 그런데 이것이 좋은 의미로 세상사를 꿰뚫어보면 좋으련만 세상사를 권모와 술수 그리고 모략으로만 본다면 그 의미는 달라진다. 그리고 이것을 이용하여 텍스트를 만든다면 《삼국지》는 위험한 책이 될 수도 있다.

내가 소설보다 이야기의 변용과 해석에 관심을 가진 것도 결국 《삼국지》가 가지는 욕망의 배치 때문이다. 중국에서 만들어져 한국과 일본에 전래되어 수용되면서 삼국의 이야기는 자국의 정치·문화적 상황에 따라 변하고, 새롭게 이해되었다. 여기에는 시대마다 다른 욕망들이 뒤엉켜 있었고, 나는 이러한 욕망을 관찰하는 것이 소설을 읽는 것보다 재미있었다. 여전히 나는 《삼국지》에 재미를 느끼지 못하고 있다. 다만 오랜 시간 그 모습을 바꾸면서 한·중·일 문화에 끊임없이 영향을 주는 이 소설을 둘러싼 주변 이야기에 흥미를 느낀다. 이 책은 바로 이러한 흥미에서 집필한 것으로 중국을 만들고, 일본을 사로잡고, 조선을 뒤흔든 책 이야기이다.

중국을 만든 책 삼국지에서는 진수의 『삼국지』부터 《삼국지》 최종 개정본인 《모종강평본》에 이르기까지 이 소설이 만들어진 과정을 통해 중국의 역사와 이를 둘러싼 문화의 흐름에 대해 기록했다. 《삼국지》는 어느 한 개인의 창작이 아니라 역사서와 수많은 서적들 그리고 예인들의 입에 오르던 이야기 대본 및 거리의 이야기 등이 모여 만들어진 집단적 저작이다. 이처럼 민간에 유전되던 삼국의 이야기는 대부분 촉한에 대한 동정적 일화들로 주희 이후 거론된 성리학적 정통론이 결합되어 소설 이상의 의미를 지니게 되면서 중국을 만든다. 게다가 오랜 기간 동안 북방 오랑캐의 남침에 괴로움을 겪었던 사람들은 이 소설이 가지는 정통론을 통해 민족의식까지 고취했다.

일본을 사로잡은 책 삼국지에서는 수용 과정에서 삽입된 일본의 역사 정통론과 무사도 그리고 일본풍으로 변한 《삼국지》가 어떻게 전시체제하에서 전쟁에 동원되었는지에 대해 서술했다. 에도 시대 초기에 유입되어 역사서로 분류된 이 소설은 일본의 남북조 시대의 흥망성쇠를 그린 군기 소설인 《다이헤이키太平記》의 유행과 함께 일본어로 번역되었고, 여기에 일본풍의 삽화가 삽입되면서 일본을 사로잡는다. 그리고 삼국의 이야기가 일본 전통 인형극인 조루리로 만들어지면서 주군을 위해 목숨을 바치는 무사적 충의가 강조된다. 이후 중일전쟁 시기 신문에 연재된 요시카와 《삼국지》는 가독성과 재미를 높이는 한편 전 시대부터 이어져 오던 충의를 공고히 해 자신들의 침략 전쟁을 애국이라는 이름으로 포장했다.

조선을 뒤흔든 책 삼국지에서는 유입 초기 유자들의 비난에도 불구하고 유행하게 된 이유와 한글로 번역되어 유통되면서 만들어진 우리만의 독특한 《삼국지》 그리고 이후 이 소설이 어떻게 식민지 조선인에게 희망을 주게 되었는지에 대해 언급했다. 선조 대에 유입된 이 소설은 괴탄하고 잡스러운 책이라는 비난과 함께 성리학적 정통론과 역사를 배울 수 있다는 긍정적 시각이 맞물리면서 유행한다. 임란 이후 세워진 관제묘와 호란 이후 대두된 대청복수론이 《삼국지》 확산에 기폭제가 되어 왕실은 물론 민가의 부녀자들까지 베껴 쓰고 낭독하고 빌려 읽는 등 조선을 뒤흔든다. 한글로 번역된 이 소설은 상업적으로 유통되면서 축약과 개작을 거쳐 독특한 우리만의 소설로 만들어졌고, 일제강점기 신문에 연재된 한용운의 《삼국지》는 영웅을 갈망하는 식민지 조선인을 위안해주는 동시에 항일 민족의식도 고취해주었다.

이처럼 이 책은 각 시대마다, 나라마다 변용되어 읽힌 《삼국지》를 통해 한·중·일 문화사를 보여주고자 했다. 각각의 이본들마다 상업적 전략이 달랐고, 추구하는 이상이 달랐으며, 독자들도 저마다 이해하는 것이 달랐다. 그리고 앞으로도 다를 것이다. 따라서 이제는 《삼국지》에 무엇을 담을 것인가보다는 《삼국지》를 통해 무엇을 읽어낼 것인가가 중요하다. 요즘 한참 '레전드히어로 삼국전'이라는 드라마에 빠져 《삼국지》에 관심을 가지는 두 아들이 아빠의 책을 읽고 자신들만의 《삼국지》 읽기를 했으면 좋겠다.

응봉동 독서당로에서

2016년 8월

이 은 봉

차례

2부 조선을 뒤흔든 책, 삼국지

3부 일본을 사로잡은 책, 삼국지

4부 근대 한·일 삼국지 활용법

7장 두 나라의 입맛에 맞도록 바꾸다

그림으로 읽는 삼국지

—같은 장면, 다른 그림

1

三國志

중국을 만든 책, 삼국지

1장

서막이 오르다

중국사에서 위·촉·오는 사실 40여 년밖에 유지되지 못한 나라로, 후한 말기 혼란한 틈을 타고 난립한 임시정부에 불과했다. 그럼에도 오늘날 우리는 《삼국지》속 명장면들을 눈앞에 그리며 삼국의 흥망사를 거침없이 말하고, 또 누군가는 역사로까지 여긴다. 이토록 오랫동안 《삼국지》가 읽히게 된 이유는 무엇일까?

그림으로 읽는 삼국지
—같은 장면, 다른 그림 1

한

도원에서 의형제 결의를 맺는 세 사람

한나라 말기, 어린 황제가 제위에 오르면서 환관들이 황실을 장악하자 국정은 혼란해졌고, 백성들은 도탄에 빠졌다. 이때 태평도를 믿는 황건의 무리가 난을 일으켜 새로운 세상을 만들고자 했다. 난을 진압하기 위해 곳곳에서 의병이 모집되었고, 이에 유비·관우·장비도 도원에 모여 위로는 나라에 보답하고 아래로는 백성을 편안케 하리라 다짐하고는 의형제 결의를 맺고 난을 정벌하러 나선다.

그림으로 읽는 삼국지

－같은 장면, 다른 그림 2

낙양을 불태우는 동탁

십상시十常侍라 불리는 환관들은 대장군 하진을 죽이고, 어린 황제와 진류왕을 납치해 달아났다. 동탁은 황제와 진류왕을 구출하고 낙양으로 돌아와 조정을 장악했다. 그러고는 곧바로 황제를 폐위하고 진류왕을 등극시켜 정권을 잡았다. 이후 낙양을 불태우고 수도를 장안으로 천도한 뒤 온갖 전횡을 일삼는다.

일

가장 혼란한 시대의 문을 열다

1

三
國
志

    중·고교 시절, 중국사를 배우면서 '은殷·주周·진秦·한漢·수隋·
당唐·송宋·원元·명明·청淸'은 물론 이들 왕조사 중간중간 '춘추·전
국'과 '위·진 남북조'를 함께 외웠던 기억이 있다. 주나라가 멸망하
고 진나라가 통일하기까지의 시대를 역사에서는 보통 '춘추·전국
시대'라 부른다. 공자와 맹자를 비롯해 노자와 장자 그리고 순자, 묵
자, 한비자 등 위대한 사상가들이 나온 시기로 '제자백가諸子百家의 시
대'라고도 한다. 그리고 한나라와 수나라 사이의 혼란기를 '위·진
남북조 시대'라 배웠다. 시기적으로는 한 왕조가 멸망한 220년부터

수나라가 중국을 통일한 589년까지인데 중국 역사상 정치적으로 가장 복잡한 시대로 알려져 있다.

위·촉·오가 우리에게 익숙한 이유

한 왕조는 환관과 외척의 전횡으로 빚어진 혼란을 막지 못해 결국 위魏(220~265)·촉蜀(221~263)·오吳(222~280) 삼국으로 분열되었다. 삼국 중 가장 강력한 위나라는 중신重臣 사마의가 주축이 되어 촉의 침입을 수차례 격퇴해 통일의 기반을 다졌다. 이후 아들 사마소가 촉을 멸하고 진왕晉王에 봉해졌고, 손자 사마염은 위나라 왕의 자리를 빼앗아 진 왕조〔서진西晉(265~316)〕를 세워 통일을 이루었다. 하지만 얼마 못 가 왕자들의 혈투〔팔왕의 난〕와 흉노의 침입〔영가의 난〕으로 다시 분열되어 남과 북으로 나뉘었다. 남쪽에서는 진 왕조의 일족인 사마예가 진을 재건하여 동진東晉(317~420)을 세웠고, 북쪽에서는 흉노를 비롯한 다섯 오랑캐가 잇달아 정권을 수립하여 서로 흥망을 되풀이했는데, 그 수가 16개국이 넘어 5호16국五胡十六國(304~439)이라 이름 붙였다.

동진은 이후 남경南京을 수도로 하는 네 개의 다른 왕조〔송宋·제齊·양梁·진陳〕가 차례로 다스리게 되었고, 5호16국으로 어지러워진 화북 지역에서는 한족 문화를 받아들여 세력을 넓힌 선비족의 탁발씨拓跋氏가 위 왕조〔북위北魏(385~535)〕를 수립하였다. 그러나 북위는 얼마 못 가 동위東魏와 서위西魏로 갈라졌고, 이후 동위는 북제北齊가 되고, 서위는 북주北周가 되었다. 불과 400년도 안 되는 기간 동안 중국은 수많은 나라가 일어났다 무너지는 일을 반복했다.

북쪽은 이민족 지배자들이, 남쪽은 망명 귀족들로 구성된 왕조가 지배하면서 사회는 혼란이 지속되었다. 국가의 힘을 발휘하지 못한 정부는 자신들의 탐욕 때문에 사회 불평등을 해소하려는 최소한의 노력도 하지 않았고, 최상위 귀족제가 발달하면서 신분적 속박은 더해 갔다. 게다가 유학을 기반으로 한 사회·정치 시스템은 무너지고 모든 계층에서 도교뿐 아니라 새로이 소개된 불교와 같은 구원과 초월을 약속하는 종교가 널리 퍼져갔다.

이렇게 많은 국가의 흥망이 반복된 위·진 남북조 시대는 사실 정치적으로 복잡했다는 것 말고는 특별할 것이 없는 시기다. 춘추·전국 시대처럼 유명한 사상가가 대거 출현한 것도 아니고 문화적으로 융성한 시대도 아니었다. 그런데 수많은 중국 왕조 중에서도 유독 위·진 남북조 시대, 그것도 40여 년밖에 유지되지 못한 위·촉·오 삼국이 우리에게 익숙한 이유는 무엇일까? 명나라 때 나온 나관중의 《삼국지연의》(이하 《삼국지》)라는 소설 때문이 아닐까?

조조, 유비, 손권이 등장하다

진나라 말 반란 지도자 중 한 사람이었던 유방劉邦은 진을 멸하고 한漢을 세웠으나 개국을 도운 신하들에게 봉지를 나누어주면서 권력이 분산되자 국정이 불안정해졌다. 그리하여 한나라 초기, 정부는 질서와 왕조의 안정을 보장하는 중앙집권적 권력을 만들기 위해 제후왕들에게 나누어준 봉지를 거두어들이고, 세습이 아닌 능력에 따라 관리를 선발하는 등의 노력을 기울였다.

무제武帝를 비롯한 황제들은 옛 진의 황제들이 그랬던 것처럼 본질적으로는 법을 내세워 국가를 다스렸지만, 신하와 군주의 관계를 충성과 책임 곧 도덕적 관계로 여기는 유가 개념을 활용하면서 중앙집권적 통치 체제를 더욱 군건히 했다. 그리고 대외적으로 대규모 원정을 통해 영토를 확장하면서 대제국을 건설하였다. 하지만 지나친 원정, 토목 사업, 궁정의 사치 등으로 국가 재정은 파탄에 이르렀고, 이를 극복하기 위해 농민들에게 지나친 세금을 부과함으로써 사회적 모순이 심화되었다. 게다가 어린 황제들이 즉위하면서 외척外戚과 환관宦官이 국정의 실권을 잡게 되자 궁정 정치는 급속히 부패했다.

이와 같은 상황에서 전한의 제11대 황제 성제成帝의 외삼촌인 왕망王莽이 성제 이후 두 황제를 갈아치우고 급기야 신新이라는 나라를 세웠다. 왕망은 경서經書에 기술된 정치 강령들을 구현하고자 관직의 명칭을 바꾸고, 임야와 늪지를 국유화하였으며, 궁중 경비를 감축하는 등의 정책을 폈다. 하지만 공상적이며 졸속한 개혁은 정치·사회적 모순을 야기했고 농민과 호족 세력의 반란이 일어나면서 유방의 9대손인 유수劉秀에게 나라를 빼앗겼다. 역사에서는 왕망 집권 이전을 전한前漢 또는 서한西漢(기원전 206~기원후 8)이라 부르고, 왕망이 피살된 이후를 후한後漢 또는 동한東漢(25~220)이라 부른다. 그리고 이렇게 전한과 후한으로 구분되는 한나라를 양한兩漢이라 부르기도 한다.

《삼국지》는 바로 후한 말 혼란에서부터 시작되는데, 이 혼란의 중심에는 외척과 환관이 있었다. 황제의 형제나 아들들은 대개 그들의 봉지로 보내져 황실은 황제의 부인이나 어머니 쪽 남자 친척들과 환관만 남게 된다. 힘 있는 황제가 즉위하면 외척과 환관을 다스릴 수 있지만 어린 황제가 즉위하게 되면 태후가 수렴청정을 하게 되어 외척이 권력을 장악한다. 이후 황제가 성년이 되면 외척의 전횡을 막기 위해 황제는 환관과 도모해 외척을 주살한다. 하지만 환관은 이 틈을 타 외척 대신 전횡을 저지르고 다음에 또 어린 황제가 제위에 오르면 외척이 권력을 장악하여 환관을 주살하는 악순환이 반복된다. 후한의 황실은 제4대 황제인 화제和帝 이후 어린 황제가 즉위하면서 외척과 환관이 서로 배척하고 돌아가면서 권력을 잡는 현상이 나타났다.

환관은 본래 거세된 남자로 신체 특성상 여성들의 숙소를 돌보는 일을 했다. 그러나 한의 황실은 그들이 하찮은 가문 출신으로 외부에 권력 기반이 없고 거세된 남자라는 점에서 군주의 명령에 절대 복종할 것이라 믿고 후궁들의 숙소를 돌보는 것 이상의 일에 기용했다. 그로 인해 환관들은 서서히 자기 세력을 갖추면서 정치에 관여하게 되었다. 더욱이 궁에서만 자란 황제들은 환관을 전적으로 믿었기 때문에 나약한 황제는 환관의 볼모가 될 위험이 컸다. 급기야 환관의 무리가 무력으로 정변을 일으켜 그들이 조종할 수 있는 어린아이를 황위에 앉혔고, 황제 또한 외척 일파를 몰아내기 위해 환관에게 도움을 청하였으니 환관의 권력은 황제를 능가했다.

특히 후한 말 환제桓帝와 영제靈帝 때 이르러서는 이러한 환관의 전횡에 항의하는 학자와 태학의 학생들을 박해하고, 이들을 종신토록 관리가 될 수 없게 하는 '당고의 화黨錮之禍'가 일어났다. 중앙 정부가 무질서해지면서 소규모 자작농은 줄고, 토지를 겸병해 대토지를 소유한 호족豪族이 늘어나면서 조세 기반은 흔들렸다. 국가 재정이 악화되자 정부는 흉년 시에 구제 사업을 펼 수가 없었고, 엎친 데 덮친 격으로 메뚜기 떼와 홍수로 인해 수십만 명의 농민들은 유랑민이 되어 거리를 헤매게 되었다. 이렇게 사회가 혼란해지자 후한 타도를 외치는 대규모 반란이 일어났다.

머리에 누런 수건을 쓰고 난을 일으켰다고 해서 '황건의 난'이라 이름 붙여진 이 반란은 장각張角이 주창한 태평도太平道라는 종교를 믿는 신도들이 주축을 이루었다. 태평도는 도가 사상에 영감을 받은 종교 집단으로 믿음에 의한 신비한 치료와 태평성대가 올 것이라는 말로 도탄에 빠진 백성들을 현혹했다. 태평도는 전국 각지에서 수십만 명의 신도를 규합해 "창천은 이미 죽었으니 황천이 서리라. 갑자년이 되면 천하가 대길하리라〔蒼天已死, 黃天當立, 歲在甲子, 天下大吉〕"라는 구호를 내세우며 동시에 봉기하여 지방 관청을 닥치는 대로 공격하였다.

황건의 난은 1년 내에 진압되었지만 난을 가라앉히기 위해 군사를 모집한 장군들은 세력을 확장하면서 황제보다 더 강력한 권한을 갖게

〈유비 조조 손권〉,
《역대고인상찬歷代古人像讚》, 1498년.

촉의 유비. 유비는 도량이 넓고 의지가 강하며
마음이 너그러웠으며, 인물을 알아보고 선비
를 예우했다. 그는 영웅의 그릇이었다. 좌절
에 굴복하지 않으며 끝까지 조조의 신하가 되
지 않았다.

위의 조조. 조조는 책략을 이용하고 계략을
세워 무력으로써 천하를 정복하였다. 각 사람
이 갖고 있는 재능을 이용했으며 자기의 감정
을 자제하고 냉정한 계획에 따랐다. 명석한
책략이 가장 뛰어났기에 시대를 초월한 영웅
이었다.

오의 손권. 손권은 몸을 굽혀 욕된 일을 참아
낸 비범한 영웅이었다. 혼자 강남의 땅을 차지
하며 삼국 정립의 세력을 이루었으나, 의심이
많았고 사람을 죽임에 있어 주저함이 없었으
며 만년에 이르러서는 더욱 심했다.

되었다. 이 장군들 중 동탁은 수도인 낙양에 입성하여 황제를 꼭두각시로 만들어 중앙 권력을 장악했다. 이로 인해 동탁을 토벌하고자 각지에서 군이 일어났다. 삼국의 대표 인물 중 조조는 동탁 토벌에 앞장섰고, 동탁이 부하 장수 여포에게 살해당하자 연주兗州를 평정한 후 헌제獻帝를 자신의 보호 아래 둠으로써 후한의 조정을 장악했다. 이후 기주목사 원소와 화북 지방을 양분하였다가 관도대전을 승리로 이끌면서 화북 지방의 지배권을 가지게 되었다. 형주목사 유표의 식객으로 있던 유비는 총명한 전략가 제갈량의 지원을 받아 형주를 손에 넣고 손권과 동맹하여 조조의 남하를 적벽에서 저지하였다. 손권은 적벽대전 이후 유비와 싸워 형주를 빼앗고 강남에서의 위상을 확고히 했다.

220년 조조가 죽자 그의 아들 조비가 한의 마지막 황제인 헌제를 폐위하고 낙양에 위 왕조를 세웠고, 한중漢中 지역을 공격하여 한중왕이 된 유비는 221년, 한의 정통을 계승한다는 명분으로 국호를 촉한蜀漢으로 정하고 성도成都에 도읍하였다. 조비가 위의 황제가 되자 손권은 오왕에 봉해졌는데 222년 스스로 연호를 황무黃武라 부르고 229년 위와 촉한의 싸움이 격화하자 그 틈을 타고 제위에 올랐다. 이렇게 해서 한나라는 삼국으로 분열되었고, 중국은 정치사적으로 가장 복잡한 시대를 맞이했다.

왜 널리 읽혔는가

2

三
國
志

중국사 전체에서 삼국은 사실 왕조라는 이름을 붙이기에도 민망할 정도로 짧은 역사를 가진 나라로 후한 말기 혼란한 틈을 타고 난립한 임시정부에 불과했다. 그럼에도 오늘날 우리는 《삼국지》 속 명장면들을 눈에 그리며 삼국의 흥망사를 거침없이 말하고 있으니 소설의 위대함을 논하기에 앞서 이토록 유행하게 된 이유가 무엇인지 궁금해진다. 심지어 사람들은 이 소설을 역사로까지 여기고 있으니 그 궁금증은 더하다.

일곱은 사실, 셋은 허구

우리가 흔히《삼국지》라 부르는《삼국지통속연의》혹은《삼국지연의》는 중국은 물론 전 세계에 퍼져 읽히는 대표적 스테디셀러다.《삼국지》인기 저변에는 열에 일곱은 사실이고 셋은 허구〔七實三虛〕라는 이 소설이 지닌 역사성과 혼란한 시대를 살아가는 영웅들의 모습이 생동감 있게 그려져 있기 때문이다.

그중에서도 유비와 조조를 중심으로 한 영웅들의 지략과 의리 그리고 계략과 모반은 현대의 어떠한 소설보다도 스펙터클하다. 게다가 소설이 나오기 이전부터 '삼국의 이야기'는 유비와 제갈량에 관한 동정적 일화나 조조를 비난하는 말들이 전해지면서 세상 사람의 입에 끊임없이 오르내렸다. 이러한 이야기는 남송南宋 시대 이후 촉한을 정통으로 하는 주자학적 역사관과 뜻을 같이하면서 한족 중심의 민족주의를 선전하기도 해 역사보다도 더 역사 같은 이야기로 사랑받았다.

《삼국지》는 본래 진晉의 학자 진수陳壽(233~297)가 쓴 위·촉·오 삼국의 정사正史와 민간에 전해졌던 삼국의 이야기가 결합되어 만들어진 소설이다. 역사서는 텍스트가 주는 중압감과 틀에 박힌 문장 그리고 오묘한 의미 때문에 대중이 쉽게 접할 수 있는 책이 아니었다. 게다가 진수의『삼국지』는 내용이 너무 간략하고 인용한 자료 또한 지나치게 생략되어 있어 더욱 그러했다. 사람들은『삼국지』보다 삼국의 이야기에 더 흥미를 느꼈고, 역사보다 쉽고 재미있게 읽을 수 있는《삼국지》가 매혹적으로 다가올 수밖에 없었다. 게다가 고대 중국은 지나치게 포괄적인 문文의 개념 때문인지 '소설'과 '역사'의 구분이 명확하지 않았고, 이러한 인식은 후대로까지 이어지면서 역사에 이야기를 덧대고, 설명을 붙여 이해하기 쉽도록 부연敷演한 《삼국지》와 같은 소설이 역사를 대신한다고까지 여기게 되었다.

소설 그 이상의 소설

중국 소설사에서 흔히 서구 픽션fiction에 해당하는 이른 시기 용어로 알려진 『장자』「외물外物」편의 '자잘한 이야기'를 뜻하는 '소설小說'이나 『논어』「자장子張」편의 '샛길' 또는 '작은 기예'를 의미하는 '소도小道' 그리고 『순자』「정명正明」편의 '어설픈 학자들의 기괴한 이야기〔小家珍說〕'라는 표현 등은 모두 '올바른 도리〔正道〕'의 상대적 개념으로, 우리가 아는 소설과는 엄밀한 의미에서 관련 없는 말이다. 하지만 소설이 가진 내용적 측면에서 보면 허황된 이야기라는 의미를 내포하고 있어 많은 학자가 중국 소설의 기원을 말할 때 이와 같은 용어들을 거론한다.

후한의 역사가 반고班固(32~92)는 전한 시대의 역사를 기록한 『한서漢書』를 편찬하면서 당시 읽히던 책들을 모아 「예문지藝文志」에 기록하고, 이 서적들을 유가·도가·음양가·법가 등 10가家로 정리하면서 소설가를 맨 마지막에 두었다. 그에 의하면 소설가는 항간에 떠도는 이야기를 모아 기록하던 패관稗官이라는 지위가 낮은 사관史官으로, 이들은 길거리나 마을에서 하는 말들을 얻어듣고 이를 바탕으로 소설을 쓴다고 했다. 그는 『논어』「자장」편에서 자하가 한 말을 인용해 "비록 작은 기예(小道)라도 반드시 볼 만한 것이 있지만 원대함에 이르는 데 장애가 될까 염려되니 군자는 하지 않는 것이다"라고 하면서 소설에 대한 일반적 시각을 내비쳤다. 그렇지만 이러한 민간의 이야기는 없어지지 않았고, 오히려 책으로 엮어 잊지 않도록 하였는데 그 이유는 이것이 꼴 베고 나무하는 일반 사람들의 것이었기 때문이다.[1] 반고가 살던 당시 소설은 이처럼 길거리나 마을에서 전해지는 민중의 이야기였다.

남북조 시대의 문학을 비평한 유협劉勰(465~521)은 자신의 문학평론서인 『문심조룡文心雕龍』「사전史傳」편에서 역사에 관해 기록하면서 민간에 떠도는 이야기가 책으로 기록되는 일을 서술했다. 그에 의하면 속된 사람들은 모두 기이한 것을 좋아한 나머지 실제의 이치를 돌아보지 않는다. 그래서 간접적으로 전해 들은 일들을 부풀려 쓰기도 하고, 먼 시대 일들을 기록하기도 하며, 그 자취를 상세히 적으려 들기도 한다는 것이다. 이렇게 하여 이치에 닿는 것은 버리고 이단적 입장을 취하며 정설이 아닌 것에 천착하게 되니, 옛날 역사에는 없던 것들이 민간에 돌아다니다가 책에 기록된다고 하였다.[2] 물론 소설에 대한 직접적 언급은 아닐 수도 있지만 세속의 이야기가 중국 소설의 기원이라면 이러한 이야기는 역사와 관련이 있음을 알 수 있다.

'길에서 듣고 길에서 말한다'라는 뜻의 도청도설道聽塗說은 『논어』에 나오는 것으로 공자는 이렇게 하면 덕德을 버리게 된다고 하였다.

따라서 공부하는 선비들에게 항간의 이야기는 비판의 대상이었다. 하지만 이러한 이야기는 차츰 정사는 아니더라도 역사에서 빠뜨린 것으로 여겨졌고, 시간이 지나면서 역사의 보완물로 인식되어 지위가 한층 높아졌다. 당나라 때의 역사학자 유지기劉知幾(661~721)는 『사통史通』 「잡술雜術」편에서 소설이 경전과 역사의 빠진 부분을 보충해준다고 다음과 같이 말했다.

> 옛날에 『삼분三墳』과 『오전五典』 그리고 『춘추春秋』와 『도올檮杌』이라는 책이 있었는데 이것들은 모두 옛날 제왕의 책이었다. 그리고 중고 시대에는 제후의 기록이었다가 대대로 전해져 격언이 되었다. 그 나머지 외전外傳은 신농씨가 약초를 맛보면서 지은 『본초本草』, 하우가 땅을 정리한 일을 기록한 『산해경山海經』이 있다. 또 『세본世本』은 성씨를 판별한 것인데 주나라 왕실에서 비롯되었고, 『가어家語』는 언행을 기록한 것인데 공자에게 전해졌다. 이로써 편기소설偏記小說이 스스로 일가를 이루어 정사와 나란히 설 수 있게 되었고, 그 유래가 오래되었음을 알 수 있다.[3]

이처럼 과거 중국의 '소설小說' 개념은 지은이나 작가에 의해 만들어지고 창작된 이야기라는 서구의 '소설fiction' 개념과는 달리 한담閑談이나 일화 같은 그다지 중요하지 않지만 실제로 일어났다고 생각되는 이야기를 의미했다. 그 덕분에 역사에서 빠진 부분을 보충하는 역할을 할 수 있었다.

이러한 생각은 이후 명대로 오면서 소설이 역사의 부족한 부분을 보충하는 보완물이라는 인식을 더욱 공고히 했다. 《삼국지》와 같이 역사에 이야기를 덧대고 설명을 붙여 이해하기 쉽도록 쓴 연의소설演義小說은 이러한 인식을 입증하기에 충분했다. 아래 홍치弘治 갑인년甲寅年(1494) 용우자庸愚子라는 필명을 사용한 장대기蔣大器의 〈삼국지통속연의서〉는 연의소설이 만들어지게 된 이유를 잘 말해주고 있다. 그는 당시 막 출판된 나관중의 《삼국지통속연의》가 딱딱하고 어려운 역사서의 단점을 보완하여 만든 새로운 형태의 역사서라고 하였다. 따라서 누구든 쉽게 뜻을 알 수 있어, 길거리의 노래〔里巷歌謠〕를 엮어 만든 『시경』과 같다고 평하였다.

무릇 역사란 단순히 역대 사건을 기록만 하는 것이 아니라 지난 시대의 흥망성쇠를 돌이켜 밝히고, 군주와 신하의 선악을 비춰주며, 정치의 성공 및 실패 사례를 기록하는 것이다. 그리고 인재들의 이러저러한 생애를 보여주며, 나라와 가정의 기쁘고 슬픈 일을 알림으로써 그것들에 대한 가치평가를 부연하고자 하는 것이다. 그러므로 하나도 남김없이 다 기록하는 것도 의미가 있는 것이다. …… 그러나 역사의 문장은 그 이치와 뜻이 오묘할 수밖에 없다. 그렇지 않다면 어찌 후세에까지 비춰질 수 있겠는가? 『논어』에서 말하기를, "형식文은 없고 내용質에만 치우치면 일반인들〔野人〕의 글처럼 조잡하고, 내용은 없고 형식에만 치우치면 역사를 기술하는 사관의 글처럼 딱딱하다〔質勝文卽野, 文勝質卽史〕"고 했다. 이렇기 때문에 역사가들의 글은 일반 대중이 보기엔 항상 괴로운 것이다. 그래서 일반 대중은 종종 역사서를 버리고 다시 돌아보지 않게 되었는데, 이것은 역사서의 내용을 이해할 수 없어서이다. 따라서 역대 사건들은 시간이 오래될수록 점차 잊히게 되었다. 이 책이 나오기 이전에는 야사를 바탕으로《삼국지평화》를 만들어 전문적으로 이야기를 들려주는 장님 이야기꾼에게 구연하게 했는데, 그들의 어휘 구사는 잘못이 많고 너무나 야비해서 교양 있는 선비나 군자들은 대부분 싫어했다. 그래서 동원東原의 나관중이란 사람이 평양平陽의 진수가 지은 『삼국지』를 토대로 각 나라의 역사를 살핀 후에, 한 영제 중평 원년에서 진 태강 원년까지 일어난 사건들을 조심스럽게 다듬어서《삼국지통속연의》라는 제목을 붙였다. 그런데 이 책은 문장이 그다지 어렵지 않고 언어도 그다지 속되지 않으며 실제로 있었던 사건을 기록했기 때문에 정식 역사와 상당히 가깝다. 무릇 읽고 암송하고자 하는 사람이면 누구나 그 뜻을 알 수 있으니, 『시경』에 나오는 길거리의 노래와 그 의미가 같다. 이 책이 완성되자, 선비나 군자들 가운데 호사자들이 다투어 칭찬하며 그것을 베껴 읽게 되었다. 그것은 삼국의 흥망성쇠와 인물들의 출세에 대한 평가를 비롯한 오랜 세월에 걸친 역사가 책을 펼치자마자 가슴속에 뚜렷하게 펼쳐지게 되었기 때문이다.[4]

장대기는 『논어』 「옹야雍也」편에 나오는 말을 들어 역사가의 글은 문장과 단어들이 틀에 박혀 있고, 그 속의 이치와 의미가 오묘하기 때문에 일반 대중이 보기에는 너무 어렵다고 하였다. 그러면서 《삼국지통속연의》는 문장도 쉽고 언어도 속되지 않으며 역사서와도 가까워 누구나 뜻을 알아 선비나 군자는 물론 일반 대중도 접할 수 있는 텍스트라고 하였다. 이는 공자가 말하는 '문질빈빈文質彬彬' 즉 형식과 내용이 조화롭게 어울린다는 말로 일반인의 글처럼 조잡하지도, 역사를 기술하는 사관의 글처럼 딱딱하지도 않아 쉽고 재미있게 읽으면서 더불어 역사도 배울 수 있다는 것이다.

또한 《당서지통속연의唐書志通俗演義》와 《열국지전列國志傳》 등의 소설을 비평한 명 말의 학자 진계유陳繼儒(1558~1639)는 〈당서지전서唐書志傳序〉에서 "양한兩漢과 위·촉·오·당·송 이래로 모두 정식 역사서가 있었지만 역사적 사건을 자세히 기록하지 못했기에 후세에 와 연의소설이 생겨나게 되었다. 연의소설은 통속적 특성에 의의가 있으므로 오늘날 속세에 유행하는 저작들은 사마천이나 반고, 진수의 이름을 한 자도 내걸지 않았지만, 모두가 한고조 유방을 이야기하고, 후한을 세운 유수가 진압한 농민군 동마銅馬에 관한 거짓 이야기를 하며, 제갈량을 슬퍼하고, 조조를 평가한다. 이런 것들은 모두 연의소설이 하는 일이다. 그러므로 연의소설은 세속을 풍자하는 책으로서 그 의미가 심원하다"고 하였다.[5]

그리고 명나라 말기 주류 학자들은 대개 시문詩文에 복고를 주창하며 시는 반드시 당나라 것을 따라야 하고〔詩必盛唐〕, 문장은 반드시 진·한 시대의 것을 따라야 한다〔文必秦漢〕는 의고적 문학론을 내세웠다. 그런데 이러한 문학론에 도전했던 문학 집단인 공안파의 지도자 원굉도袁宏道(1568~1610)는 《동서한통속연의東西漢通俗演義》 서문에서 사람들이 연의소설을 짓는 이유를 다음과 같이 밝혔다.

오늘날 세상에는 문인에서부터 시골 남녀는 물론 칠십이나 되는 늙은이 그리고 삼척동자에 이르기까지 유방이 풍패豊沛에서 봉기한 일이며, 항우가 오강烏江을 건너지 못하고 패한 일, 왕망이 황제 자리를 찬탈한 일, 광무제의 중흥 등의 사건을 이야기한다. 그런데 그들은 모두 사건의 전모를 잘 알고 있고, 거기에 관련된 인물들의 성씨나 거주지까지도 상세하게 알고 있다. 아침부터 저녁은 물론 해질녘부터 새벽까지 거의 침식도 잊고 모여서 이야기를 하는데 싫증도 내지 않는다. 그런데 사람들에게 『한서』나 『한사漢史』를 보여주면 독해도 하지 못할 뿐만 아니라 설령 독해한다 해도 대부분 끝까지 읽지 못한다. 이런 책들은 거의 듣는 사람을 졸게 만들고, 구경하는 사람도 떠나게 만든다. 오호라! 고금의 역사는 아득하지만 그 속의 내용은 대충 그렇고 그런데 참으로 이상한 일이고 비통한 일이다. 이런 이유에서 《양한연의兩漢演義》가 《수호전》을 계승하여 출판된 것이다.[6]

그에 의하면 역사서는 어려울 뿐 아니라 재미도 없어 사람들이 멀리하게 되는데, 연의소설은 잘 읽히는 일상어로 쓰인 데다 재미까지 있으니 사람들이 《수호전》과 같은 소설을 계승해 연의소설을 짓는다는 것이다. 이처럼 명대로 오면서 대거 등장한 연의소설은 역사를 보충하는 수준을 넘어 점차 역사를 대신한다는 인식까지 심어주었다.

역사를 보완한 역사 이상의 의미를 지니게 된 연의소설은 이후 충효와 절의는 물론 정통론 같은 국가 이념을 선전하는 기능을 담당한다고까지 여겨졌다. 특히 명 중기 사상가 왕양명王陽明(1472~1529)은 자신의 문집인 『전습록傳習錄』에서 "백성들의 풍속을 순박한 데로 돌이키고자 한다면 오늘날 공연되는 연극에서 요사하고 음란한 가사와 가락은 모두 제거하고, 충신과 효자의 고사만을 취하여 어리석은 백성들로 하여금 한 사람 한 사람 깨닫기 쉽게 해야 한다. 그러면 무의식중에 마음에서 느끼는 바가 생겨 양지良知가 일어나 풍속을 변화시키는 데 도움이 될 것이다"라고 하였다.[7] 이는 결국 당시 유행하던 연극을 잘만 이용하면 왕양명 사상의 핵심인 인간이 선천적으로 타고난 본래 마음이자 천리인 양지를 실천해[치양지致良知] 인간의 헛된 욕망을 제거할 수 있다는 뜻이다.

이뿐 아니라 명 말 문장가 풍몽룡馮夢龍(1575~1645)은 생활상이나 역사의 고사 등을 이야기로 만들어 공연하던 설화說話의 대본인 화본話本 중에서도 송·명대 유행한 것들만을 엮어 《유세명언喩世明言》, 《경세통언警世通言》, 《성세항언醒世恒言》이라는 작품집[삼언三言]을 만들었는데,

여기서도 이러한 기록을 찾을 수 있다. 명대 화본만을 엮은《경세통언》서문에서 풍몽룡은 소설의 효용성을 논하며 "어느 마을에 아이가 아버지를 대신하여 푸줏간에서 고기를 썰다가 손가락에 상처를 입었는데도 아프다고 울지 않으니, 어떤 사람이 그것을 이상히 여겨 물었다. 그러자 아이는 '내가 전에 도교 사원인 현묘관玄妙觀에서 이야기꾼이《삼국지》이야기를 하는 것을 들었는데, 관운장이 뼈를 깎아 독을 치료하면서도 태연히 말하며 웃었습니다. 그러니 내가 어찌 아프다고 할 수 있겠습니까!'라고 대답했다"는 일화를 예로 들었다.

그러면서 "《삼국지》를 통해 동네 어린애들까지도 뼈를 깎아 독을 치료하는 용기를 가질 수 있으니, 이에 따라 소설에서 효도를 말하면 그들도 효자가 될 것이고, 정절과 의리를 이야기하면 그들도 정절과 의리를 귀중히 여기게 될 것이다"라고 하였다.[8] 소설에 유교 이념을 넣을 수 있다면 그 효과는 경서經書 못지않을 것임이 그의 생각이며, 이는 소설이 역사 보완물이라는 인식에 그치지 않고 한 걸음 더 나아가 도리道理를 가르치는 경서의 지위까지 부여한 것이라 여겨진다.

《삼국지》의 최종 개정본이라고 알려진《모종강비평본제일재자서수상삼국지연의毛宗崗批評本第一才子書繡像三國志演義》〔일명《모종강평본》〕에 들어 있는〈독삼국지법讀三國志法〉을 쓴 청대 모종강은 대의와 명분을 밝히어 세우는 역사 서술 방법인 공자의 춘추필법春秋筆法으로《삼국지》를 바로잡았다고 하면서 소설을 통해 촉한 정통론을 부각했다.

《삼국지》를 읽는 사람이라면 마땅히 정통, 과도기, 비정통의 차이를 알아야 할 것이다. 정통은 어디인가? 촉한이 그러하다. 비정통은 어디인가? 오나라와 위나라가 그러하다. 과도기는 어디인가? 진나라가 그러하다. 위나라가 정통이 되지 못한 것은 무엇 때문인가? 영토로 따지면 중원을 차지하는 것이 중요하고, 이치로 따지면 유씨 성을 가지는 것이 중요하다. 영토보다는 이치를 따져야 하므로 정통을 위나라에게 부여한 것은 사마광司馬光이 『자치통감資治通鑑』에서 저지른 잘못이다. 정통을 촉나라에 부여했으므로 주희朱熹의 『통감강목通鑑綱目』은 올바르다. …… 그러므로 유비가 정통이 됨은 더욱 의심의 여지가 없다. 진수의 『삼국지』는 이 점을 가리지 않았다. 나는 그래서 주희의 『통감강목』에 맞추어 《삼국지》에다 이 점을 덧붙여 바로잡았을 뿐이다.[9]

삼국을 통일한 진나라는 비록 위왕의 자리를 빼앗아 통일을 이루었지만 자신들은 위나라를 정통으로 하는 나라이기에 진나라에서 문서 기록을 맡아보던 저작랑著作郞 진수는 역사를 기술할 때 당연히 위나라를 중심에 둘 수밖에 없었다. 이후 동진의 습착치習鑿齒가 쓴 『한진춘추漢晉春秋』 등에서 정통론이 대두되면서 촉한 중심의 역사가 기술되기도 했지만 북송대 사마광(1019~1086)이 쓴 『자치통감』 등의 역사서는 여전히 삼국 통일을 주도했던 위나라가 중심이었다. 그러나 역사적 사실보다 의리를 중히 여기는 남송대 주희(1130~1200)는 『자치통감』

의 내용을 새롭게 편집한 『통감강목』을 펴내면서 위나라 중심 역사를 촉나라 중심으로 바꾸고 촉한 정통론을 강화했다. 따라서 모종강은 주희의 정통론적 입장에서 삼국의 이야기를 바로잡으면서 《삼국지》를 통해 국가 정통의 문제를 확고히 했다.

역사는 편집된다

소설이 이렇게 역사를 대신할 수 있었던 것은 어쩌면 중국의 역사 개념이 현재 우리가 생각하는 역사와 달랐기 때문일지도 모른다. 중국에서 사史는 원래 기록과 문서를 담당했던 사관이나 관리를 뜻하는 말이었다. 따라서 올바른 도리가 담긴 글이든 길거리에 떠돌던 이야기를 기록한 글이든 모든 서사적 글쓰기는 사史에 해당했다. 다시 말해 문文이 곧 사史였다. 중국의 역사는 역사적 사실 및 소설처럼 역사에 준하는 글쓰기를 모두 포괄했다.

더욱이 공자는 『춘추』라는 역사서를 편찬할 때 기록할 것은 기록하고 삭제할 것은 삭제해 역사를 서술했다고 한다.[10] 이른바 대의와 명분을 밝혀 천하의 질서를 바로 세우려는 역사관에 따른 것이었다. 이를 '춘추필법'이라 하는데 다분히 공자의 주관적 생각에 의한 편집〔edit〕이었다. 그렇지만 천하의 질서를 바로 세우려는 역사 기술 방식 때문에 『춘추』는 역사서이면서 동시에 경전의 의미를 지니게 되었다.

그런데 『춘추』가 경전의 의미를 띠게 되자 공자의 집필 의도를 설명할 필요가 생겨났으며, 이러한 설명은 보통 구두 전승이나 기억에 의존한 것이라 설명에 설명을 덧붙이는 주석이 생겨났다. 대표적『춘추』 주석서로는 춘추 시대 노나라 좌구명左丘明이 쓴 『좌씨전左氏傳』과 전국 시대 제나라 공양고公羊高가 쓴 『공양전公羊傳』 그리고 전국 시대 노나라 곡량적穀梁赤이 쓴 『곡량전穀梁傳』이 있다. 이를 '춘추삼전春秋三傳'이라 부르는데 특히 『공양전』과 『곡량전』은 문자 표현의 단계 너머에 존재하는 숨겨진 차원의 의미를 밝히는 데 목적이 있었다. 경학자들은 『춘추』가 사소한 말 속에 감춰진 심오한 의미(微言大義)라는 원칙을 따른다고 생각했다. 이 비밀스러운 역사 기록의 불분명함과 완곡한 어구, 에두른 표현을 꿰뚫어 공자가 기록한 의미의 심층을 발견하는 것이 해석의 목표였다.

『역사에서 허구로』라는 책을 쓴 루샤오펑은 이러한 이유로 『춘추』는 단순한 연대기로만 읽히는 텍스트가 아니라 개인적 표현 및 정치 참여를 위한 구실이었다고 했다. 이러한 해석학적 접근은 언어와 의미 간 불일치를 깨닫게 하고, 윤리적이고 형이상학적인 진리를 표현하기 위해 '완곡어법'을 허용하게 했다. 그리하여 사건 자체는 역사가의 도덕적·정치적 메시지의 본질에 따라 수많은 방법으로 재현될 수 있었다.[11]

이처럼 역사는 기본적으로 '사실'이지만 정치·사회·문화 그리고 기술 방식과 사람에 따라 재구성되고 창작되며 재해석될 수 있었다. 따라서 '객관성'보다 '상호주관성'이 역사를 더 사실적으로 만들었다. "사건은 계열화됨으로써 의미로 화한다"라는 프랑스 철학자 질 들뢰즈Gilles Deleuze의 말처럼 사건이 어떤 방향으로 계열화되느냐에 따라 의미는 달라지기 마련이다. 중요한 것은 사건이 아니라 사건의 계열화인 것이다. 그러므로 현대 역사 인식에서는 무엇이 '사실'이고 '허구'인지 분별하는 일보다 이 '이야기'가 당시 어떠한 의미를 지녔는지 그리고 현재와 미래에 어떠한 의미로 남을 것인지가 중요하다.[12]

니체의 계보학을 분석한 푸코Michel Foucault 또한 계보학은 모든 단선적 목적성의 외부에서 사건들의 고유성을 기록해야 하며, 계보학은 가장 가망 없는 장소에서, 우리가 느끼기에 역사 없는 곳, 즉 정서·사랑·양심·본능과 같은 것에서 사건들을 찾아야 한다고 했다. 역사가 없을 것 같은 영역에서조차 역사가 존재하며 거기에는 결코 하나의 기원이 아닌, 수많은 사건의 결합과 투쟁이 자리하고 있다.[13] 고로 우리는 이러한 계보학을 통해 과거를 재해석해야 한다. 이렇게 할 때만 이 과거는 단순히 흘러간 시간이 아니라 현재와 미래를 연결하는 살아 있는 텍스트가 되고, 역사 이외의 소설·회화·음악 등 모든 것이 텍스트로 화할 것이다. 이런 관점으로 볼 때 중국의 소설 특히, 역사에 이야기를 덧대고 설명을 붙여 이해하기 쉽도록 하고 정통론과 유교 이념까지 선전하려 한 《삼국지》는 역사 이상의 역사임을 다시금 확인하게 된다.

2장

책의 탄생과 촉한 정통론

《삼국지》는 어느 한 개인의 창작이 아니라 오랜 시간 역사와 수많은 서적 그리고 이야기꾼들의 입에 오르던 이야기 대본 및 거리 이야기 등이 모여 만들어진 집단적 저작이며, 거기에 정통론으로 마련된 민족의식까지 삽입되면서 각 시대의 정치·문화적 상황에 맞게 끊임없이 변화하는 살아 숨 쉬는 텍스트이다.

그림으로 읽는 삼국지

─같은 장면, 다른 그림 3

봉의정에서 여포를 유혹하는 초선

동탁의 전횡으로 나라가 위태로워지자 왕윤은 딸처럼 아끼는 가기歌妓 초선을 이용하여 연환계를 펼쳐 동탁을 없애고자 했다. 여색을 좋아하는 동탁과 그의 양아들 여포에게 초선을 바치고, 둘의 사이를 이간질하여 여포로 하여금 동탁을 죽이게 만든다.

그림으로 읽는 삼국지

—같은 장면, 다른 그림 4

영웅을 논하는 조조와 유비

동탁이 죽자 이각과 곽사는 왕윤을 모함하여 살해하고, 장안을 함락한 뒤 약탈을 자행했다. 어린 황제는 장안을 탈출해 낙양으로 돌아와 조조를 불러들여 황실을 돕게 하고, 이에 조조는 수도를 허도로 옮겼다. 부하의 배신으로 잡혀온 여포를 죽인 조조는 여포와의 싸움을 도운 유비와 허도로 돌아와 황제를 배알했다. 황제보다 높은 권세를 부리는 조조는 유비를 떠보기 위해 영웅을 논했으나 유비는 겁쟁이인 척한다.

정사와 거리 이야기의 만남

1

《삼국지》의 재료라 할 진수의 『삼국지』는 위·촉·오 삼국 역사를
국가별로 기록한 기전체紀傳體 역사서로 모두 65권으로 이루어졌다.
그중 「위지魏志」는 본기本紀 4권, 열전列傳 26권으로 가장 많은 부분을
차지하고 있으며, 「오지吳志」는 열전 20권, 「촉지蜀志」도 열전만 15권
으로 구성돼 있다. 권수로 봐서도 『삼국지』의 중심은 위나라이며, 본
기도 「위지」에만 들어 있고, 제호帝號를 붙인 것도 위나라뿐이다. 그나
마 진수가 원래 촉나라 사람이었기에 유비와 유선을 각각 선주先主와
후주後主로 높여 기록했다.

서진 시대의 『삼국지』

「오지」 제12권 잔권殘卷, 신장성 투루판 출토.

이야기꾼의 입에서 입으로

그런데 『삼국지』는 내용이 너무 간략하고 인용한 사료 또한 지나치게 적었으며 누락된 것 역시 너무 많아 역사서로서 기능을 제대로 하지 못했다. 이 때문에 송나라 문제文帝는 나랏일을 논의하는 중서시랑中書侍郎 배송지裵松之(372~451)에게 명하여 이 책에 주註를 달게 했다. 배송지는 유비와 제갈량, 촉나라에 대한 동정적 일화를 많이 수록한 습착치의 『한진춘추』와 왕침의 『위서魏書』, 어환의 『위략魏略』과 왕찬의 『영웅기英雄記』 등 당시 역사서는 물론 여러 집안의 계보, 별전別傳, 문집 등 200여 종 이상의 재료를 이용해 『삼국지』 본문의 뜻을 알기 쉽게 풀이했다. 그리고 주가 갖는 유리한 점을 이용해 어긋나는 것이든 분명한 착오든 『삼국지』에 누락된 것이 있으면 전부 기록했으며 출전도 상세히 적었다.

이렇게 진수의 『삼국지』는 배송지의 주가 첨가되면서 촉나라에 대한 동정적 일화를 역사에 담게 되었다. 하지만 이것은 어디까지나 배송지의 주에 의한 것이었고, 이후 삼국 이야기가 기록된 역사서는 여전히 삼국 통일을 주도한 위나라 중심이었다. 물론 남송대 주희가 『통감강목』에서 촉한을 정통으로 내세우기도 했지만 이는 모두 자국의 시대적·정치적 상황에 맞게 만든 것이다. 설령 촉한을 정통으로 한 역사서가 있었다 해도 이것이 곧바로 《삼국지》의 대본이 된 것은 아니었다. 실제로 역사서들과 《삼국지》를 대조해보면 인물과 사실의 큰 흐름만 일치할 뿐 사건의 상세한 부분은 사실과 어긋나거나 역사서에는 전혀 나타나지 않는 새로운 이야기라는 것을 알 수 있다. 《삼국지》의 주재료가 역사서임에는 틀림없지만, 이 책에 생명력을 부여한 재료는 역사에 기술되지 않은 거리의 이야기였다.

특히 후한 말에서 동진 말까지 약 200년간 실존한 제왕과 고관 귀족 그리고 문인, 학자 등에 관한 소설적 일화를 기록한 위·진 남북조 시대 문학가 유의경劉義慶(403~444)의 『세설신어世說新語』는 《삼국지》에 많은 소재를 제공했다. 예컨대 조조가 암살 위험을 막기 위해 잠자는 체하다가 측근을 죽이는 음험하고 비정하며 피도 눈물도 없는 일화는

『세설신어』「가휼假譎」편에서 따온 것이다.

> 위나라 무제(조조)는 늘 말하길
> "남이 나를 해치려고 하면 나는 곧바로 심장이 뛴다"라고 했다.
> 그래서 가깝게 여기는 시종에게
> "네가 칼을 품고 은밀히 내 곁으로 오면, 나는 너에게 '심장이 뛴다'
> 고 말할 것이고, 너를 체포하여 처형할 것이다. 그렇지만 너는 내가
> 시켜서 했다는 말을 해서는 안 된다. 그렇게만 하면 다른 일은 없을
> 것이며 마땅히 후하게 보답해줄 것이다"라고 했다.
> 체포된 자는 무제의 말을 믿고 두려워하지 않았다. 무제는 결국 그
> 를 참수했는데, 그 사람은 죽을 때까지 자기가 속았다는 사실을 알
> 지 못했다. 좌우의 사람들은 무제의 속임수를 정말이라고 생각했으
> 며, 역모를 꾀하는 자들은 기가 꺾였다.[1]

촉한에 대한 긍정적 시각 표출은 유비의 어진 이미지를 강조하는
것 말고도 그와 대비되는 조조의 간웅적 이미지를 강조하는 식으로도
가능한데, 『세설신어』에는 이러한 이야기가 산발적으로 묘사되어 조
조의 간악한 이미지를 부각하고 있다.

이처럼 민간에 전해지던 삼국을 배경으로 한 이야기는 당나라 때
이미 전문적 이야기꾼들의 입에 오르내리고 있었다. 잡다한 생활상을
모아 기록한 『대업습유기大業拾遺記』라는 책에는 당나라 이전에 궁궐

에서 삼월삼짇날 굽이도는 물에 잔을 띄워 그 잔이 자기 앞에 오기 전에 시를 짓던 곡수연曲水宴 놀이를 기록하고 있다. 이 놀이의 여흥으로 배 위에서 나무 인형을 조정하는 수식水飾이라는 공연이 행해졌는데, 이때 상연된 공연의 목록을 보면 '조조가 초수譙水에서 목욕하며 이무기를 물리치다', '유비가 말을 타고 단계檀溪를 건너다' 등《삼국지》와 관련한 이야기가 포함된 것을 알 수 있다.

한편 당나라 말기 시인 이상은李商隱(812~858)은 자기 아들이 장난치는 모습을 노래한 〈교아驕兒〉라는 시에서, 아들 연사가 집에 찾아온 손님을 보고 모습을 흉내 내거나 장비의 수염 같다고 놀리고 혹은 등애鄧艾가 말을 더듬는 것 같다며 비웃는다고 하였다. 이 시에 대해 조선 후기 문인 김만중金萬重(1637~1692)은『서포만필西浦漫筆』에서 장비의 턱수염은 진수의『삼국지』와 배송지의 주에도 보이지 않고『역대군신도상歷代君臣圖像』에도 빠져 있는데, 어떻게 해서 이상은이 이러한 시를 지을 수 있었는지, 혹 역사서 외에 근거할 만한 책이 더 있었는지 모르겠다고 하였다.[2] 이는《삼국지》속 이야기가 당나라 때 이미 민간에 널리 퍼져 어린아이도 알 정도로 대중화되었음을 보여주는 예이다.

또한 송나라 문호文豪로 알려진 소동파蘇東坡(1036~1101)의 문집『동파지림東坡志林』에 의하면, "골목집에서 아이들이 천박하고 용렬하여 골치가 아프면, 돈을 주어 모여서 옛날이야기를 듣게 한다. 삼국의 일을 이야기할 때 유비가 패한다는 말을 들으면 아이들은 찡그리며 눈물을 흘리기도 하고, 조조가 패한다고 하면 기뻐서 즐겁다고 소리치기도 한다. 이로써 군자와 소인의 은택이 영원히 끊이지 않음을 알 수 있다"고 하였다.[3] 이 책을 통해 북송대 이미 유비는 좋은 사람, 조조는 나쁜 사람이라는 식의 삼국 이야기가 직업적 이야기꾼에 의해 구전되고 있음을 확인할 수 있다.

이외에도 북송 수도였던 개봉의 번화한 모습과 생활상을 기록한 맹원로孟元老의 『동경몽화록東京夢華錄』에 따르면, 개봉 번화가에 설치된 극장인 구란拘欄에서 행해진 여러 예능 가운데 생활상이나 역사 고사 등을 이야기로 만들어 공연하던 것이 있었는데, 이 가운데서도 삼국의 이야기를 들려주는 〈설삼분說三分〉이 인기가 많았다고 한다. 공연 대본이 전해지지 않아 어떠한 이야기가 상연되었는지 알 수는 없지만 송나라 이후 이러한 이야기 공연에서 기원한 《수호전》에 쓰인 삼국 이야기를 보면 그 내용을 대강 짐작할 수 있다.

연청燕靑이 이규李逵를 데리고 상가와자桑家瓦子라는 번화가로 왔다. 와자 앞까지 오자, 구란 속에서 징 소리가 들려왔다. 이규가 한사코 그리로 들어가 보자고 하기에 연청은 하는 수 없이 그와 함께 사람들 속을 비집고 들어갔다. 이야기꾼이 한창 삼국의 이야기를 내리엮는데, 바로 관우가 뼈를 긁어 독을 없애는 대목이었다.
"당시 관우는 왼팔에 독화살을 맞았는데 독이 뼈에까지 미친 상태라, 의원 화타가 그를 보고는 '이 독화살을 뽑자면 구리 기둥을 세우고 거기에 쇠고리를 달고 안에 팔을 들이민 다음 밧줄로 단단히 비끄러매야 합니다. 그런 후 살을 째고 독이 미친 뼈를 말끔히 긁어내고 기름에 절인 실로 살을 꿰매고 약을 발라야 하는데 또한 새살이 돋는 약을 자셔야 반달 안으로 회복될 것입니다. 그런데 견디기가 여간 어렵지 않을 겁니다'라고 하자 관우는 앙천대소하며 '대장부는 죽음도 겁내지 않는데 그까짓 팔 하나가 다 뭐요? 구리 기둥이고 쇠고리고 다 그만두고 이 자리에서 살을 째도록 하시오'라고 했다. 그러고는 즉시 바둑판을 가져오게 하여 손님과 바둑을 두면서 왼쪽 팔꿈치를 뻗어 화타에게 상처를 째고 뼈에 미친 독을 긁게 하였는데, 기색 한 번 변치 않고 태연하게 담소하였다."

여기까지 이야기했을 때 사람들 속에 끼어 듣고 있던 이규가 별안간,

"거참 대장부로다!" 하고 큰 소리로 외쳤다.

모여 선 사람들이 놀라 일시에 이규를 쳐다보았기 때문에 연청은 황망히 이규를 막아서며,

"이 형, 어찌 이리 촌티를 내우? 이야기판에서 그렇게 놀라 소리를 쳐서야 되겠소?"라고 말하자,

이규가 답했다.

"듣다가 보니 나도 모르게 그만 저절로 소리가 나갔소!"

연청은 이규를 끌고 밖으로 나왔다.[4]

당시 수호의 무리들은 나라의 신하가 되어 반란을 진압하기 위해 성 밖에 진을 치고 천자의 지시를 기다리고 있었다. 성 안에 들어가서

는 안 되는 상황이었다. 그런데《수호전》에서 가장 난폭한 흑선풍黑旋風 이규가 풍년을 축하하는 등불놀이를 한다는 말을 듣고 연청을 따라 몰래 성 안으로 갔다가 삼국 이야기를 공연하는 장소에서 관우의 일화를 듣고 소란을 피웠다. 정사에 나오지는 않지만 뼈를 깎는 고통을 참아내는 관우의 위풍당당한 모습을 듣던 사람들은 재미는 물론 이규와 같이 사내다움을 배우며 관우에게 긍정적 혹은 동정적 마음을 가졌을 것이다.

이렇듯 송나라 때에는 이야기꾼의 입을 통해 정사에 없는 다양한 삼국 이야기가 민간에 전해졌고, 이야기에 이야기가 더해지며 새롭게 창작되기도 했다. 게다가 송대에 나온『사물기원事物紀原』이라는 책에는 인종仁宗 때 삼국의 일을 잘 구연하는 자가 등장하는데, 어떤 사람이 이 이야기에 그림자 인형을 만들어 처음으로 위·촉·오 삼분 전쟁을 극으로 표현하였다고 한다. 송대에 삼국 이야기는 이야기 공연뿐 아니라 그림자극으로도 상연된 것이다.

삼국의 이야기가 그림책으로

원나라 때 와서 종이와 목판인쇄술이 발달하면서 삼국 이야기는 비로소 책으로 출판되었다.《전상삼국지평화全相三國志平話》〔일명《삼국지평화》〕라는 이 책은 '원지치본전상평화오종元至治本全相平話五種' 중 하나로 원나라 지치년간至治年間(1321~1323)에 복건성 건안의 우씨虞氏가 간행

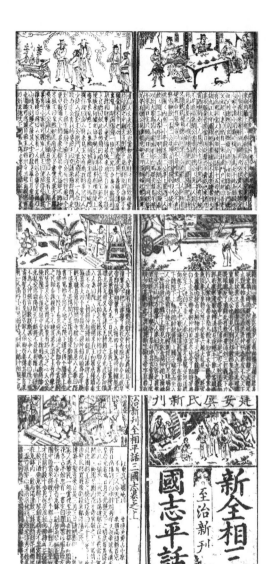

《신전상삼국지평화》

한 것이다.[5] '전상全相'이란 책 전체에 삽화가 들어 있다는 말이고, '평화平話'란 이야기꾼이 공연을 위해 만든 이야기 대본을 뜻한다. 다시 말해 이 책은 이전 시대 유행하던 화본에 이야기를 덧붙이고 각 페이지에 그림을 첨부한 것으로, 중국 문학자 노신魯迅(1881~1936)은 『중국소설사략』에서 이 당시 나온 '전상평화'라는 책은 모두 사람들에게 읽힐 목적으로 출판된 것이라 하였다.[6]

《삼국지평화》는 후한을 세운 유수가 삼월삼짇날을 맞아 왕망에게 핍박받았을 백성들을 위로하기 위해 함께 꽃구경을 가자고 명하는 장면에서부터 시작한다. 이날 사마중상이라는 서생도 정자에 앉아 꽃구경도 하고 술도 마시면서 책을 읽고 있었는데, 마침 진시황제가 고서를 불태우고 유생들을 생매장하는 등 백성을 괴롭히는 장면을 보고는 화가 치밀어 올라 진시황을 마구 욕했다. 그런데 갑자기 많은 사람들이 나타나 그에게 천자의 옷을 입히고 가마에 태워 저승 보원전으로 데려갔다. 거기서 사마중상은 옥황상제의 명을 받아 한신과 팽월 그리고 영포 세 사람의 원혼을 심판하게 된다.

세 사람은 모두 한나라의 개국 공신이었지만 한고조 유방 때문에 무참하게 죽은 이들이었다. 사마중상은 그들의 원한을 듣고 유방과 유방의 부인 여후 등을 불러 심문한 뒤 판결문을 옥황상제에게 상주했다. 옥황상제는 이를 보고 한나라를 세운 유방은 공신을 저버렸으므로 한나라를 셋으로 나누어야 한다면서 한신은 조조, 팽월은 유비, 영포는 손권으로 각기 환생시켜 위·촉·오 삼국을 세우게 했다. 그리고 유방과 여후는 헌제와 복황후로 태어나게 해 벌하였고, 사마중상은 사마의로 환생시켜 삼국을 병합하여 천하를 제패토록 했다.

이처럼 《삼국지평화》는 삼국 이야기와 관련 없는 사마중상의 명부 재판으로 시작해 사마의가 삼국을 통일해 진을 세우고, 흉노족 유연劉淵을 유비의 일족으로 꾸며 촉이 망할 때 쫓겨난 유연으로 하여금 한 왕조를 다시 일으킨다는 이야기로 끝난다. 이렇게 보면 《삼국지》와 완전히 다른 듯하나 이야기 공연 대본인 화본은 대개 본 이야기를 시작하기 전에 짤막한 이야기를 두는 것이 일반적이다. 따라서 사마중상의 명부 재판은 아마도 삼국의 이야기를 도출하기 위한 장치였을 것이다. 이후 한의 개국 공신들이 환생하여 전개되는 이야기는 황건의 난부터 위·촉·오 삼국 분열 그리고 진의 통일까지 《삼국지》의 이야기 전개와 똑같다. 물론 세부 내용이나 인물 형상에 다소 차이가 있고, 《삼국지》에 없는 이야기도 들었지만 《삼국지》 탄생에 직접적 영향을 주었음은 의심의 여지가 없어 보인다.

다만 장대기가 쓴 〈삼국지통속연의서〉에서도 보았듯이 이 작품은 야사野史를 바탕으로 했기에 비속어도 많고, 내용도 지나치게 야비해 교양 있는 선비 대부분은 싫어했다. 예컨대 《삼국지》에 나오는 뇌물을 바라며 으스대는 관리 독우督郵를 때리는 장비의 일화를 《삼국지평화》는 다음과 같이 잔인하게 묘사하여 흥미만을 앞세우고 있다.

옆에 있던 관우와 장비가 크게 노하여 각각 칼을 들고 대청으로 뛰

어울렸다. 여러 관리가 크게 놀라 황급히 달아나자, 관우와 장비는 사명을 붙잡아 옷을 벗겼다. 그리고 장비는 유비를 부축하여 의자에 앉힌 다음, 청사 앞에 말을 묶어두는 말뚝에다 사명을 결박하였다. 그러고는 장비가 채찍으로 독우를 때리기 시작했는데, 가슴 주위를 큰 몽둥이로 100대나 때렸다. 독우가 죽자, 시신을 여섯 조각으로 내어 머리를 북문에 내걸고 다리는 네 모퉁이에다 걸었다.[7]

물론 이 일화는 원래 진수의 『삼국지』「촉서」 '선주전先主傳'에 나오는 것으로 오만한 태도의 독우를 때린 사람은 유비였다. 하지만 너그럽고 어진 군주의 이미지를 부여하기 위해 소설은 유비 대신 장비로 대치했다. 그렇지만 위의 장면은 장비의 난폭함과 잔인함만 부각되었을 뿐 독우를 때린 정당성은 상실했다. 이로 인해 나관중은 비열한 내용은 모두 삭제하고 나름 역사성과 정당성을 부여하여 《삼국지》를 쓰게 되었다.

살아 숨 쉬는 텍스트

2

三
國
志

　현재 전해지는 가장 오래된 《삼국지》는 명나라 홍치 갑인년(1494) 장대기가 서문序을 쓰고, 가정嘉靖 임오년壬午年(1522) 장상덕張尙德〔수염자修髥子〕이 설명〔인引〕을 붙인 이른바 《가정본》이라 부르는 나관중의 《삼국지》이다. 책의 맨 앞에 "진나라 평양후 진수가 지은 역사와 전기를 후배 나관중이 그 순서를 좇아 편집하였다〔晉平陽侯陳壽史傳, 後學羅貫中編次〕"라고 밝혀 나관중 자신의 작품임을 강조하였다. 모두 24권으로 제1회 '천지에 제사를 지내고 도원에서 결의하다〔祭天地桃園結義〕'로 시작해 제240회 '진의 왕준이 계책을 내어 오의 석두성을 취하다〔王濬計取石

頭城'로 끝난다. 시기적으로는 한나라 영제 중평원년中平元年(184)부터 진나라 무제 태강원년太康元年(280)까지 97년간의 일을 진수의 『삼국지』와 배송지의 주에 따라 배열하고, 간간이 《삼국지평화》에서 따오고 다시 부연하여 지었다고 한다.

가장 오래된 가정본에서 최후의 모종강평본까지

그러나 이러한 연의소설은 역사적 사실에 의거하다 보면 서술에 제약이 생기고, 허구를 섞어 넣다 보면 혼란이 가중되었다. 그리하여 이미 명대 사조제謝肇淛(1567~1624)는 풍물이나 역사적 사실을 기록한 『오잡조五雜俎』라는 책에서 《삼국지》를 언급하며 지나치게 사실을 중시하다 보니 진부해져 마을 아이들을 즐겁게 할 수는 있으나 선비나 군자의 도리가 되기에는 부족하다고 하였다.[8] 그리고 청대 역사학자 장학성章學誠(1738~1801)은 연의소설 중에 《열국지》, 《동서한》 등은 대부분 사실을 기록하였고, 《서유기》, 《금병매》 등은 모두가 허구이기에 문제될 바가 없지만 《삼국지》는 열에 일곱은 사실이고 셋은 허구라 보는 사람을 현혹하여 혼란스럽게 한다고 비평하였다.[9] 또한 노신은 인물을 묘사함에 있어서도 잘못이 많아 심지어 유비가 후덕한 사람임을 강조한 나머지 위선자같이 되어버렸고, 제갈량이 지모가 많다는 것을 그리다 보니 요괴에 가까워졌다고까지 평하였다.[10]

이후 《삼국지》는 주왈교周日校가 펴낸 《신간교정고본대자음석삼국

지전통속연의新刊校正古本大字音釋三國志傳通俗演義》〔일명《주왈교본》, 12권 240
회〕와《이탁오선생비평삼국지李卓吾先生批評三國志》〔일명《이탁오평본》, 24권
120회〕를 거쳐 청나라 초기 모종강이 만든《모종강비평본제일재자서
수상삼국지연의》〔일명《모종강평본》, 60권 120회〕로 최종 개량되었다.

이름이 이렇게 긴 이유는 이 책들이 모두 상업 출판물이기 때문이
다. 예컨대 신간新刊이란 새로 간행했다는 뜻이고, 음석音釋이란 어려
운 글자를 쉽게 풀이했다는 의미다. 그리고 비평批評은 책을 개정하는
사람이 자신의 생각이나 설명을 붙였다는 것이며 수상繡像이란 등장
인물의 도상을 그려 넣었다는 말이다.

다시 말해《주왈교본》은 '옛 책을 교정하고 글자를 쉽게 풀이하여
새로 간행한《삼국지》'라는 뜻이고,《모종강평본》은 '모종강이 설명
을 붙이고 등장인물의 도상을 그려 넣은 가장 훌륭한《삼국지》'라는
뜻이니 책의 제목만 봐도 당시《삼국지》출판 시장이 얼마나 과열되
었는지 짐작할 수 있다. 대략 명·청대 출판된《삼국지》는《가정본》부
터《모종강평본》까지 40종이 넘고, 같은 책이라도 그림을 넣고 안 넣
고, 설명을 붙이고 안 붙이고 등에 따라 판본 수를 헤아리면 100여 종
에 달한다.

특히 최종 개정본이라는《모종강평본》은 각 권 시작 부분에 사대기
서 제일종 권〇四大奇書第一種卷〇라고 쓰여 있어 '사대기서 제일종'이라
부르기도 한다. 청나라 순치원년順治元年(1644) 문예비평가 김성탄金聖嘆
(1608~1661)의 이름을 빌려 모종강이 쓴 서문이 있는 것으로 보아 이 무

四大奇書第一種卷之一

聖嘆外書

茂苑毛宗崗序始氏評

第一回

宴桃園豪傑三結義
斬黃巾英雄首立功

滾滾長江東逝水浪花淘盡英雄是非成敗轉頭空青山依舊在幾度夕陽紅白髮漁樵江渚上慣看秋月春風一壺濁酒喜相逢古今多少事都付笑談中　調寄臨江仙

話說天下大勢分久必合合久必分周末七國分爭并入於秦及秦滅之後楚漢分爭又并入於漢漢朝自高祖斬白蛇而起義一統天下後來光武中興傳至獻帝遂分為三國推其致亂之由殆始於桓靈二帝桓帝禁錮善類崇信宦官及桓帝崩靈帝即位大將軍竇武太傅陳蕃共相輔佐時有宦官曹節等弄權竇武陳蕃謀誅之機事不密反為所害中涓自此愈橫

〈모종강평본〉

렵 출판된 것으로 확인된다. 모종강은 이 서문에서 연의소설이란 사실에 근거해 진술해야 하고, 허구적으로 지어내서는 안 되며, 경전이나 역사와 밀접한 관계를 유지해야 한다고 주장하면서 기존《삼국지》와는 많은 부분에서 차이를 보이고자 했다.

　우선 시작도 기존《삼국지》는 "후한의 환제가 죽고, 영제가 즉위하였으나 이때 나이가 겨우 열두 살이었다. 조정에는 대장군 두무와 태부 진번과 사도 호광이 있어 서로 도왔다"로 시작해 소설 도입부라 하기에는 어딘지 어색하여 마치 역사서 같은 느낌을 주었다.

《모종강평본》 속 유비·관우·장비

　　반면《모종강평본》은 "긴 강은 유유히 동쪽으로 흐르는데, 꽃잎처럼 떴다 스러진 모든 영웅들, 옳고 그르고 흥하고 망하고 간에 세상일돌아보니 허무하다……"라는 노래〔詞〕와 함께 "천하대세는 나뉜 지 오래면 반드시 합하고, 합한 지 오래면 반드시 나뉜다〔話說天下大勢, 分久必合, 合久必分〕"로 시작해 왕조 순환이라는《삼국지》의 기본 틀을 제시함은 물론 세련미까지 더했다.

　　또한 각 회의 제목도《모종강평본》이전까지 칠언단구七言單句이던것을 정비해 '호걸 세 사람은 도원에서 잔치하여 의형제를 맺고, 영웅은 황건 일당을 죽여 처음으로 공을 세우네〔宴桃園豪傑三結義, 斬黃巾英雄首立功〕'와 같이 쌍을 맞추어 읽는 사람의 눈을 즐겁게 했고, 텍스트 이해에 도움을 주었다. 게다가 평어評語는 보통 책을 읽다가 느낀 바를 기록하거나 이해가 안 되는 부분에 보충 설명을 써두는 것으로 중국 문학의 오랜 전통이었는데《삼국지》에도 이러한 평어가 삽입되면서 소설의 내용을 한층 더 풍성하게 만들었다.

모종강은 명대 반유가적 사상가로 유명한 이탁오李卓吾(1527~1602)의 이름을 가탁해 섭주葉晝라는 사람이 평어를 달아 만든 《이탁오평본》을 대본으로 《모종강평본》을 만들었다. 그는 《이탁오평본》의 평어를 정비해 각 회마다 총평을 두고, 문장 중간중간 필요에 따라 설명을 붙여 자신의 주자학적 사상을 소설 속에 녹여냈다.

예컨대《모종강평본》제38회 '천하삼분을 말하며 융중에서 계책을 정하는데 한편 손권은 장강에서 싸워 원수를 갚다'에는 유비가 삼고초려를 한 후 제갈량을 만나 천하삼분의 계책을 듣는 대목이 있다. 유비는 계책을 듣고 제갈량에게 자신을 도와달라 부탁하지만 제갈량이 거절하자 울면서 백성을 걱정한다. 이렇게 우는 유비를 두고《이탁오평본》은 "현덕의 울음은 오늘날의 기녀와 매우 닮았으니 다른 사람의 웃음을 살 만하다"고 평하여 본문에 드러나는 가치를 떨어뜨렸다.

하지만《모종강평본》은 "지난번에 사마휘의 집에 갔을 때도 옷자락이 젖었는데, 이제 제갈량의 집에 와서도 옷자락이 젖는구나. 전번에 젖게 한 것은 물이었는데, 이번에 젖게 하는 것은 눈물이다. 전에는 고난을 만났어도 눈물을 흘리지 않았건만, 지금은 현사를 구하느라 눈물을 흘린다. 전에는 자기 한 몸을 위해 울지 않았건만, 지금은 백성을 위해 우는구나"라고 평을 달아 본문의 가치를 더욱 높여 유비의 어진 마음을 드러냈다.

유비를 높여 촉한을 정통으로 만드는 작가의 의도는 평어뿐 아니라 본문에서도 나타난다. 모종강은 본문을 수정·보완하면서 이전 판본에 들어 있던 조조를 향한 찬양적 평가를 삭제해 정통론을 부각했다. 물론 조조를 일부러 악인으로 묘사하지는 않았기에 이전 판본의 본문과는 큰 차이가 없다. 하지만 작가의 평어와 이러한 편집 때문인지 《모종강평본》은 촉한 정통론이 한층 부각되었다. 이것이 모종강이 〈독삼국지법〉에서 말한 춘추필법일 것이다.

따로 또 같이 화관색전

《삼국지》는 이처럼 《모종강평본》이 나오기까지 수많은 변화 과정을 거쳤다. 통설은 출판연대순으로 《가정본》 이후 《주왈교본》을 거쳐 《이탁오평본》 그리고 《모종강평본》으로 바뀌었다는 것이다.[11] 그러나 이러한 일반적 견해는 최근 들어 여러 학자에 의해 부정되고 있다. 특히 가장 오래된 간행본으로 알려진 《가정본》에 대한 부정은 관우의 셋째 아들 관색關索 연구에 초점이 맞추어지면서 본격화되었다. 《삼국지》 변화 과정에서 가장 마지막에 출판된 《모종강평본》에는 관색이 등장하는데, 가장 이른 시기 《가정본》에는 관색이 없다는 것이 논의 쟁점이다. 《모종강평본》에서 관색은 제갈량의 운남 정벌 때 돌연 등장하였다가 큰 전과 없이 사라지고 마는데, 이것은 명 성화成化 14년(1478)경에 출간된 《화관색전花關索傳》에 나오는 이야기라는 것이다.

역사상 관우의 아들은 관흥과 관평뿐이지만, 민간에 떠도는 이야기에는 오래전부터 관색이라는 가공인물이 있었다. 송·원대 유행했던 이야기 공연에서 기원한 《수호전》에 나오는 수호의 무리들 중 계주 형장에서 사형을 집행하는 망나니로 일하던 양웅楊雄을 사람들은 병관색病關索이라 불렀다. 병관색은 병든 관색이란 뜻이 아니라 '관색보다 뛰어나다'는 뜻으로 양웅의 출중한 무예를 관색에 빗댄 것이다. 이뿐 아니라 당시 도시 번화가에서 힘깨나 쓰는 씨름꾼이나 무뢰배 그리고 이들을 단속하던 관리의 이름에서도 관색이라는 별칭이 발견되는 것을 보면 이미 오래전부터 민간에 떠돈 것으로 보인다.

《화관색전》은 이야기 공연에서 말하는 부분〔說〕과 노래하는 부분〔唱〕을 기록해 그림과 함께 책으로 엮은 《명성화간본설창사화총간明成化刊本說唱詞話叢刊》(이하《설창사화총간》)에 실린 16편 가운데 '화관색'에 관한 것만 따로 모아 만든 것이다. '화관색'에 관한 이야기로는 《신편전상설창족본화관색출신전新編全相說唱足本花關索出身傳》(이하《화관색출신전》), 《신편전상설창족본화관색인부전新編全相說唱足本花關索認父傳》(이하《화관색인부전》), 《신편족본화관색하서천전新編足本花關索下西川傳》(이하《화관색하서천전》), 《신편전상설창족본화관색폄운남전新編全相說唱足本花關索貶雲南傳》(이하《화관색폄운남전》) 총 4편이 있는데, 《삼국지평화》와 같이 오자도 많고 표현도 비속한 데다 내용까지 황당무계하다.

하지만 이 책들이 당시 저잣거리에서 상연되던 이야기 공연이었다는 점을 생각해보면 관중들에게 꽤 인기 있었으리라 추측된다. 사실

《설창사화총간》에 포함된 이야기책들은 1967년 상해시 서북쪽 가정현에서 우연히 발굴된 무덤 속 시신의 머리맡에 있던 것이었다. 무덤 주인이 이러한 이야기책을 얼마나 좋아했으면 같이 묻었을까 싶다.

《화관색전》의 전집前集에 해당하는 《화관색출신전》은 제목 그대로 화관색의 출신을 다룬다. 관우·장비·유비 세 사람은 주나라 건국에 큰 공을 세운 강태공의 사당에서 의형제를 맺고 결의를 다지는데, 당시 관우와 장비에게는 처자식이 있었다. 하지만 처자식이 있을 경우, 큰일을 도모하는 데 장애가 된다고 여긴 이들은 서로 상대방의 가족을 죽이기로 한다. 장비는 관우의 가족을 몰살하려다 인정에 끌린 나머지 임신한 관우 부인 호금정과 관평을 살려주게 되고, 가까스로 목숨을 건진 호금정은 친정으로 달아나 사내아이를 낳는다.

그 후 7년이 흐른 정월대보름 밤 호금정은 등불 축제 구경 갔다가 길에서 아들을 잃어버리고, 이 아이는 색원외라는 부호에게서 길러진다. 색원외는 도사 화악선생에게 아들을 출가시키겠다고 약속한 바 있어 주워온 아이를 맡기게 되고, 아이는 화악선생에게 무술을 배운다. 하루는 스승의 분부로 물을 길으러 산에 갔다가 실뱀이 든 물을 마시고는 괴력이 생겨 자신을 해하려던 산적을 손쉽게 물리친다. 이후 어머니를 찾고 자신이 관우의 아들임을 알게 된 아이는 화악선생의 화, 관우의 관, 색원외의 색을 따 '화관색'이라 스스로 이름 붙인다. 그때 마침 강도가 습격해오자 화관색은 아버지가 남긴 황룡창을 들고 강도를 항복시켜 부하로 삼고 어머니를 모시고 부하들과 아버지를 찾

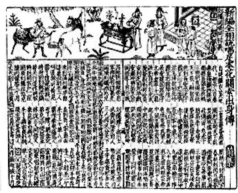

《화관색전》

아 길을 나선다.

그다음 이야기는 각 편 제목대로 아버지를 찾는 여정 중 세 명의 여인을 만나 결혼하고 뿔 달린 악당들과 싸워 이기면서 아버지를 만난다는 《화관색인부전》〔후집後集〕, 아버지를 만난 후 여러 장수와 조조를 물리쳐 형주를 취한 뒤 서천을 정벌하여 유비를 성도에 입성하게 하는 《화관색하서천전》〔속집續集〕, 끝으로 유비의 수양아들 유봉과 말다툼으로 유비의 분노를 사게 되어 운남으로 유배되었다가 풀려나 오나라와 싸워 승리하지만 모두가 죽고 떠난 곳에서 병을 얻어 죽는다는 《화관색폄운남전》〔별집別集〕으로 이어진다. 중간중간 삼국 이야기와 연결되는 것도 있지만 대부분은 판타지 같은 완전히 새로운 소설이다. 화관색의 적으로 등장하는 정체를 알 수 없는 요괴나 관색의 주문에 의해 불을 뿜는 칼 등의 묘사는 이야기꾼이 관객을 끌기 위해 당시 떠돌던 여러 고사를 차용해 만든 듯하다.

판본의 계통을 세우다

《화관색전》은 《삼국지평화》보다 약 157년 후에 나온 책이지만 가장 오래된 《삼국지》 간행본이라 알려진 《가정본》보다는 44년 앞선다. 따라서 《삼국지》 형성에 많은 영향을 끼쳤을 것이다.

그러나 정작 《가정본》에는 관색도 화관색도 등장하지 않고, 대신 《삼국지평화》와 《주왈교본》, 《이탁오평본》, 《모종강평본》 등에 등장해 최근 연구자들이 《삼국지》의 원류를 따질 때 중요한 자료로 사용하고 있다. 특히 일본의 《삼국지》 연구자인 교토대학교 김문경金文京 교수는 관색도 화관색도 등장하지 않는 판본을 '비관색·화관색계' 그리고 제갈량이 운남〔남만南蠻〕을 정벌할 때 관색이 함께 종군하는 판본을 '관색계', 화관색이 어머니를 따라 형주에 있는 관우를 찾아가는 판본을 '화관색계' 등으로 나누어 여러 판본의 계통을 정리한 바 있다.[12]

우선 '비관색·화관색계'에 해당하는 《가정본》에 이들이 등장하지 않는 이유는 장대기의 서문에서 보았듯 참고한 《삼국지평화》에 오류가 많아, 정사를 바탕으로 새롭게 고치는 과정에서 삭제했을 것이라는 게 가장 현실성 있다. 그리고 만약 《가정본》 이전에 또 다른 《삼국지》가 존재했다면 분명 이를 저본으로 삼아《가정본》을 만들지 않았을까? 곧 관색 혹은 화관색을 책에 넣지 않았다면,《가정본》이전 텍스트에도 없었기 때문이라는 말이다. 하지만 지금으로서는 일부러 삭제했는지 아니면 처음부터 없어서였는지는 알 수 없다.

한편 제갈량이 운남을 정벌할 때 돌연 관우의 셋째 아들이라는 관색이 찾아와 함께 남쪽으로 진군하지만 큰 전과 없이 사라진다는 '관색계'에는《주왈교본》,《이탁오평본》,《모종강평본》이 해당한다. 운남 정벌 때 관색이 등장한다는 점에서는《삼국지평화》와 같지만 내용은 차이를 보여《삼국지평화》를 참고했다고 단정할 수 없다. 그렇다면 '화관색계' 텍스트를 참고해 축약했다고도 볼 수 있는데 '화관색계' 텍스트에서는 운남 정벌 이전에 관색이 이미 병사했다고 나타난다. 게다가 중간중간 삽입된 시나 이야기가 '화관색계'와는 달라 이 텍스트가 '화관색계'에서 왔다고 확언하기도 어렵다.

'화관색계' 텍스트에 해당하는《삼국지》에는 여씨쌍봉당余氏雙峰堂이라는 가게의 여상두余象斗가 만력 20년(1592)에 펴낸《음석보유안감연의전상비평삼국지전音釋補遺按鑑演義全像批評三國志傳》[일명《여상두본》]이 있다. 보유補遺는 보충 설명이고, 안감按鑑은『통감강목』에 근거했다는 뜻이다. 이렇게 긴 제목을 지은 이유는 다른 출판자와 마찬가지로 자신만의 독특한 텍스트임을 강조하기 위해서인데,『통감강목』에 근거하고 부연해 지었다는 '안감연의'가 눈에 띈다.

이 텍스트에는 형주의 관우 앞에 돌연 화관색이라 자칭하는 아들이 어머니 호씨와 세 명의 처를 데리고 나타나고 이후 서천 각지 전장을 돌아다니며 군공을 세우다 마침내 운남에서 병사한다는 이야기가 들어 있다.《화관색전》과 대체로 일치하지만《화관색전》에서는 화관색이 운남에서 병사하지 않고 이후 오나라 군사가 쳐들어오자 아버지의 원수를 갚은 뒤 병사한다고 나와 화관색을 주인공으로 하는 소설과 삼국 역사 전체를 다루는 소설과 차이를 보인다. 이 때문에《화관색전》에서 직접 따왔는지 여부는 모르나 적어도 이와 같은 이야기를 참고해 지은 것임에 틀림없다.

그리고 240회본《삼국지》제125회 '낙봉파에서 활은 맞은 방통'에는 유비가 서천 원정 중 방통을 잃고 위기에 처하자 관평을 형주로 보내 제갈량에게 이 소식을 알리는 장면이 있다. 그런데 대부분의《삼국지》는 제갈량이 이 소식을 듣고 관우와 관평 부자에게 형주를 맡기고, 자기는 장비와 함께 유비를 구원하러 서천으로 향한다고 나온다.

하지만《여상두본》에서는 위기에 처한 유비가 관평이 아닌 관색을 사자로 보내 소식을 전한다. 형주에 온 사자가 관색이라면 관평은 유비와 함께 서천에 남아 있어야 한다. 유비가 관색 다음에 또 관평을 사자로 보낸 것이 아니라면, 관평이 관우와 형주를 지키는 것은 불가능하다. 그런데 이 텍스트는 다른《삼국지》와 마찬가지로 관우와 관평 부자가 형주를 지킨다고 서술해 앞뒤가 맞지 않게 되었다. 관색을 억지로 끼워 넣다 보니 이런 어처구니없는 실수가 발생한 것이다. 이로 미루어 보면 여상두가 관색 고사가 포함된《삼국지》를 참고해 텍스트를 창작했다 보기는 어렵고, 기존《삼국지》에 이러한 이야기를 덧붙인 것이 아닐까 생각된다.

일본의《삼국지》연구자인 대동문화대학大東文化大學 나카가와 사토시中川諭 교수 또한 이와 비슷한 견해를 갖고 최종 개정본이라 하는《모종강평본》이 만들어진 과정을 밝히려 하였다. 특히《가정본》에는 없으나《주왈교본》을 위시한《이탁오평본》및《모종강평본》에 수록된 관색 고사 등을 통해 이 판본들이 같은 계통이라는 사실을 알아냈다. 그리고 장대기 서문을 근거로 나관중의《삼국지》이전에 이미 여러 종류의 삼국 이야기를 모아놓은《삼국지》초본抄本이 전해졌고, 이 초본들 중 오류가 비교적 많은 것을 저본으로 하여《가정본》이 만들어졌으며, 이후 시간이 지남에 따라 잘못된 점을 수정·보완하면서 보다 착오가 적은 책을 참고해, 약간의 고사와 설명 그리고 주 등을 덧붙여《주왈교본》이 만들어졌다는 게 그의 생각이다.[13]

그도 그럴 것이《가정본》제119회 '장송은 도리어 양수를 힐난하다'에는 "촉에서 온 사신 장송張松이 조조의 모사謀士 양수楊修와 말재주를 벌이다 양수를 누르고 싶어 그가 보여준 조조가 쓴 병서『맹덕신서孟德新書』를 한 번 보고는 '이 책을 우리 촉에서는 삼척동자도 다 외우는데, 무슨 새로운 책이라 하시오? 이것은 전국 시대 때 어느 무명씨가 지은 책이오. 조승상〔조조〕이 표절하여 자기가 지었다고 하고 귀공을 속인 것이오' 하고는 한 자도 틀리지 않고 외워 보였다. 양수에게서 이 말을 들은 조조는 혹시나 자기가 쓴 글이 옛 사람의 글과 우연히 일치하는 것은 아닐까 의심하다 마침내 이 책을 찢어 불에 태워버리라고 하였다〔遂令扯碎其書燒之〕"라고 나온다.

그런데 《가정본》에는 이 뒤에 "시세종柴世宗 때 비로소 간판刊板이 나왔다. 구본舊本은 서書를 판板이라 했는데 잘못이다"라는 주가 달려있다. 즉 《가정본》보다 이전 텍스트인 구본에서는 '서를 태우다〔其書燒之〕'가 '판을 태우다〔其板燒之〕'로 되어 있지만, 목판으로 찍어내는 인쇄기술은 당나라 이후 난립한 오대십국五代+國 중 하나인 후주後周 세종 때 처음 나왔으므로 잘못이라는 것이다. 이 기록을 보면 《가정본》이전에 이미 구본이 존재했음을 알 수 있다.

최근 들어 이들 견해가 부분 인정되면서 《가정본》을 가장 오래된 간행본으로 하고 이를 바탕으로 《주왈교본》이 만들어졌고, 이후 《이탁오평본》과 《모종강평본》으로 이어졌다는 일반적 견해는 부정되고 있다. 《모종강평본》은 《이탁오평본》의 평어를 답습했고, 《이탁오평본》의 본문은 《주왈교본》에서부터 유래했으며, 《주왈교본》과 《가정본》은 각기 다른 초본에서 따로 파생되어 나온 텍스트로 보는 것이 차츰 정설로 굳혀지고 있다.

이처럼 《삼국지》는 어느 한 개인의 창작이 아니라 오랜 시간 역사와 수많은 서적 그리고 이야기꾼들의 입에 오르던 이야기 대본 및 거리 이야기 등이 모여 만들어진 집단적 저작이며, 거기에 정통론으로 마련된 민족의식까지 삽입되면서 각 시대의 정치·문화적 상황에 맞게 끊임없이 변화하는 살아 숨 쉬는 텍스트가 되었다.

3

三
國
志

중국인의
염원이 깃든 이야기

최종 개정본인《모종강평본》의 유행에는 춘추필법으로《삼국지》를
바로잡았다는 측한 정통론의 강화가 한몫했다. 춘추필법이란 공자가
편찬한 것으로 알려진 『춘추』와 같이 비판적이고 엄정한 역사 기술법
〔필법筆法〕을 이르는 말로 대의와 명분을 밝히어 세우는 역사 서술 방법
이다.

『맹자孟子』 「등문공장구하滕文公章句下」에서 맹자는 "세상의 도가 쇠
미해져 부정한 학설과 포악한 행동이 일어나 신하로서 군주를 시해하
는 자가 있으며, 자식으로서 아비를 시해하는 자가 있었다. 공자께서

는 이를 두려워하여 『춘추』를 지으셨다"고 했으며, 『장자莊子』「천하天下」편에는 유교 경전의 특징을 지적하는 가운데 "『춘추』는 명분을 기록한 것이다"라고 나온다. 신하 된 자는 제 분수를 지켜 군주에게 충성을 다하지 않으면 안 되지만, 동시에 군주도 의무를 지켜 왕도王道를 행하라는 것이 바로 『춘추』의 가르침이다.

왕도란 간단히 말해 정의正義와 인애仁愛로 정치하는 것이고, 반대는 패도覇道로 무력과 권력으로 백성을 강압적으로 지배하는 것이다. 그런데 삼국의 이야기가 시작되는 한나라 말기는 춘추 시대 못지않게 혼란했다. 환관은 어린아이를 왕위에 앉히고 조정을 장악한 뒤, 온갖 부정과 부패를 일삼았다. 백성의 삶은 피폐해졌고, 자연재해까지 겹치면서 도탄에 빠진 사람들은 거리로 내몰렸다. 마침내 반란이 일어났지만 1년이 채 못 되어 진압됐고, 난을 가라앉히기 위해 모인 군사는 조정에 들어와 환관들을 죽이고 황제를 꼭두각시로 만들었다.

이 때문에 어린 헌제를 겁박하고 조정한 조조는 애당초 대의에 어긋난 난신적자亂臣賊子인 반면 황실과 혈연이며 인정仁政에 따른 왕도를 행하려던 유비는 정당한 후계자가 되는 것이다. 이에 따르면 당연히 유비가 세운 촉이 정통이 되지만, 이러한 춘추대의는 하나의 관념일 뿐, 역사 기술은 어디까지나 사관의 역사관과 정치적 상황에 의해 좌우되었다. 게다가 역사 기술은 승리자의 몫이기 때문에 촉을 정통으로 내세울 수만은 없었다.

시대에 따라 변한 정통론

중국 사학사史學史에서 대두한 정통 논의는 진수의 『삼국지』에서 시작되었다. 진수는 진나라〔서진西晉〕의 신하였고, 진나라는 위나라로부터 선양禪讓이라는 이름으로 정권을 물려받았기에 진수는 위나라를 정통으로 기술할 수밖에 없었다. 하지만 이후 진나라는 북방 오랑캐 침입으로 남쪽으로 쫓겨났고, 진 왕조를 재건하여 세운 동진東晉은 자기 나라의 상황이 촉과 같다고 생각했다. 그에 따라 동진의 신하 습착치는 『한진춘추』에서 진수의 위나라 정통론에 이의를 제기하고 촉한 정통론을 내세우게 되었다.

이러한 논쟁을 두고 『사고전서총목제요四庫全書總目提要』를 쓴 청대 학자 기윤紀昀(1724~1805)은 "주희 이후 습착치를 옳다 하고 진수를 그르다 하였다. 이치로 볼 때 진수의 잘못이 명백하지만, 세력으로 따지면 습착치가 촉한을 황제라 말하긴 쉬워도 진수가 촉한을 그리 말하려 든다면, 거역이기에 어려운 일일 것"이라 하였다.[14] 즉 시대 상황에 따라 정통은 바뀔 수밖에 없다는 것이 역사를 쓰는 가장 보편적 생각이다.

정통론은 송대에 이르러 사학史學이 발달함에 따라 정식으로 거론되었으며, 북송과 남송은 정통 해석에서 차이를 보였다. 특히 《삼국지》의 성립에 영향을 준 북송 때 학자 사마광은 삼국 역사를 기술하면서 통일 왕조만이 정통이라 칭할 수 있다는 입장을 내세워 위·촉·오

어느 쪽도 정통으로 보지 않았다. 하지만 『자치통감』에서 그는 위나라 연호를 쓴다거나 유비가 과연 한나라 황실 후손인지 의문스럽다는 등의 서술을 통해 은근히 촉나라를 부정하고 위나라를 정통으로 내세웠다. 이는 사마광이 살던 북송 시대 지식인 사이에서는 일반적 통념이었다.

그런데 남송 시대에 접어들면서 상황은 바뀌었다. 남송은 여진족이 세운 금나라에 의해 남쪽으로 쫓겨난 왕조로 동진의 상황과 비슷했다. 그래서 동진처럼 중원 회복을 목표로 하는 입장을 정당화하고자 촉나라를 정통으로 여겼다.

이러한 촉한 정통론을 가진 대표적 학자가 바로 주희였다. 그는 사마광이 『자치통감』에서 서술한 정통에 대한 태도가 지나치게 애매모호하여 후세가 따를 바가 못 된다고 비판하고 『통감강목』을 저술하였다. 그는 『주자어류』에서 『통감강목』의 주안점을 묻는 질문에 정통을 강조하였고, "정통에서 주안점은 무엇이냐"는 물음에 "삼국 시대는 마땅히 촉한을 정통으로 해야 하는데 사마광은 모년 모월 제갈량이 도적 떼처럼 쳐들어오다(입구入寇)라 하고 이러한 '도적 구寇' 자가 누차 도치되었으니 어찌 교훈을 보여줄 수 있는가? 이 때문에 마침내 뜻을 일으켜 저술하게 된 것"이라 하여 『통감강목』의 강조점이 촉한 정통에 있음을 말하였다.[15]

유학자 주희를 그린 〈주희상朱熹像〉, 1845년에 출간된 스페인 책의 동판화
주희는 신유학의 완성자이다. 북방 금나라의 위협에서 한족의 정체성을 지키기
위해 정통론을 강조했다.

촉한 정통론, 민족주의 옷을 입다

주희 이후부터 점차 정통론에 민족주의적 사고방식이 스며들었다. 이는 남북조 이후 북방 유목민의 침입으로 괴로움을 겪고, 요·금 등 이른바 정복왕조가 중국을 차지하여 중국인의 민족주의적 감정을 자극했기 때문이다. 정통론은 민족주의와 결합하면서 매우 복잡한 사상을 형성하게 되었다. 그리고 이후 민족주의에 의한 정통론은 전국 시대 사상가 추연鄒衍이 만든 오덕종시五德終始에 따른 왕조 교체 이론보다 더 중요한 의미를 띠었다.

오덕종시란 목·화·토·금·수 오행五行이 서로 순차적으로 바뀌고 끝나면 다시 시작된다는 관념이다. 천하를 통일한 진나라 시황제는 추연의 설을 전면적으로 받아들여 스스로를 수덕水德이라 여기고 천하에 군림했다. 왜냐하면 진나라 앞의 주나라는 화덕火德을 지닌 나라이므로 대신할 것은 불을 이기는 물, 곧 수덕을 지닌 나라이기 때문이다. 수는 화를, 화는 금을, 금은 목을, 목은 토를, 토는 수를 이긴다는 오행 상극설相剋說에서 빚어진 생각이었다.

하지만 상극설은 무력으로 앞 왕조를 타도한다는 이미지가 강했기 때문에 이후 수는 목을 낳고, 목은 화를 낳고, 화는 토를 낳고, 토는 금을 낳고, 금은 수를 낳는다는 오행 상생설相生說이 두드러졌다. 상생설은 덕을 잃은 자가 새로운 천명을 받은 유덕한 이에게 자리를 양보한다는, 이른바 선양 이미지를 보여주어 왕조 교체 시마다 각 왕조는 정당성을 부여받기 위해 이를 따랐다. 예컨대, 한나라는 여러 이유에서 불의 덕을 지닌 왕조로 간주되어 '불꽃 염炎' 자를 써 염한炎漢 또는 염유炎劉라 불렀다.

따라서 이 화덕을 계승하는 것은 토덕土德이고, 토의 색은 황색이므로 후한 말기 혼란한 틈을 타 일어난 농민 반란군이 황건을 두르고 난을 일으키게 된 것이다. 그들이 "창천蒼天은 이미 죽었다, 앞으로 황천黃天 시대가 온다"를 내건 것이나, 위와 오가 국가를 세우자마자 연호를 각각 황초黃初, 황무黃武로 정한 것 또한 마찬가지다. 하지만 촉은 한의 후계자를 자임했으므로 그들은 화덕을 그대로 이어 연호를 염흥炎興이라 하였다.

그러나 주희 이후부터 정통론에 민족주의적 사고방식이 스며들면서 오행종시보다 민족주의가 훨씬 더 중요한 의미를 갖게 되었다. 따라서 이민족이 세운 청나라에서 모종강이 주희 『통감강목』에 맞추어 《삼국지》를 바로잡았다는 말은 곧 촉한 정통을 강조하는 동시에 민족주의를 고취하는 의미로까지 작용하였다.

오행종시 정통론은 본질적으로 지배층의 이데올로기여서 그 같은 관념 조작은 일반 백성과 무관했다. 그러나 지식인은 물론 평민들도 이민족 침략과 압제에 괴로워했기에 민족주의적 정통론은 역사적 사실과는 무관하게 중국인의 감정을 자극하기에 충분했다. 게다가 한은 왕조 이름인 동시에 후세에 중국인 전체를 가리키는 이름이 되었고, 한 왕조의 부흥이 곧 중국인의 부흥을 가리키는 말이 되어, 촉

을 정통으로 하는 《모종강평본》은 중국인의 염원을 담는 텍스트로
자리매김하였다.

2

三國志

조선을 뒤흔든 책, 삼국지

3장

선조들은 어떻게
읽었을까

임란 이후 《삼국지》는 한문 식자층을 넘어 민간에까지 널리 퍼져 유행했다. 선비는 역사서를 읽지 않게 되었고, 심지어 유생은 참과 거짓을 구분하지 못하고 꾸며낸 이야기를 역사적 사실로 오인해 과거 시험의 답안으로 쓰니 문제의 심각성은 클 수밖에 없었다. 그러나 삼국지에 대한 인식은 빠르게 달라졌다.

그림으로 읽는 삼국지

─같은 장면, 다른 그림 5

다섯 관문에서 장수 여섯을 참하는 관우

유비는 천하에 뜻이 없는 척 속여 조조의 휘하에서 벗어났다. 하지만 조조는 자신을 없애자는 연판장에 유비도 서명한 것을 알고 공격해 패주시키고, 하비성을 홀로 지키던 관우를 꾀어내 항복을 받아냈다. 관우는 유비의 두 부인을 모시고 조조의 진영에 있다가 유비가 살아 있다는 소식을 듣고 다섯 관문에서 장수 여섯을 참한 뒤 유비와 재회한다.

일

그림으로 읽는 삼국지

—같은 장면, 다른 그림 6

적로를 타고 단계를 건너는 유비

조조는 원소를 친 뒤 허도를 공격하려는 유비를 포위하고, 조조에게 쫓긴 유비는 형주의 유표에게 몸을 맡긴다. 하지만 유표의 처남인 채모가 유비를 죽이려 하자 그는 적로를 타고 단계를 뛰어넘어 위기에서 벗어났고, 길을 가다 우연히 사마휘를 만나 복룡과 봉추를 천거받는다.

조선에서의 첫 대면

1

三
國
志

《삼국지》는 언제 처음 우리나라에 전래되었을까? 아쉽게도 질문에 답을 줄 정확한 기록은 없다. 그렇지만 중국어 학습서로 만들어진 『노걸대老乞大』를 보면 《삼국지평화》에 대한 기록이 있다. 책의 끝부분에 고려 상인이 책을 사는 장면이 있는데, 그가 구매한 책 목록에 《삼국지평화》가 포함되었다. 아마도 원나라 지치년간(1321~1323)에 간행된 《삼국지평화》가 우리나라에 바로 전해진 듯하다.

하지만 이 기록을 제외하고는 어떤 문헌에도 《삼국지평화》에 관한 언급이 없기 때문에 이 책이 당시 사람들에게 어떠한 의미였는지는

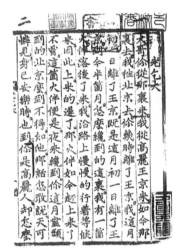

『노걸대』 조선 시대 중국어 학습서

노걸대의 '노'는 상대를 높이는 접두어로 '~씨', 영어의 'Mr.~'와 비슷하고, '걸대'는 몽고인이 중국인을 가리켜 부르는 'kita(i)'를 한자의 음을 빌려 표기한 말이다.

알 수 없다. 그리고 『노걸대』라는 책 내용상 고려 말에 만들어진 것으로 보이긴 하나 정확한 출판 시기 역시 모른다. 따라서 《삼국지평화》가 고려 시대에 들어왔다고 단정하긴 힘들다. 다만 『세종실록』 세종 5년(1423) 기록을 보면 세종이 주자소鑄字所에서 『노걸대』를 출판하라 명했으니 적어도 세종 5년 이전에 《삼국지평화》가 유입되었음은 확실하다.[1]

괴탄하고 잡스럽고 경박한 책

이후 《삼국지》에 대한 기록은 『선조실록』 선조 2년(1569) 6월 20일 기사記事에 나온다. 이날 석강夕講을 주도한 기대승奇大升(1527~1572)은 선조가 무관 장필무張弼武를 불러 정사正史가 아니라 《삼국지》에 있는 일화를 말한 것을 두고, 이 책은 잡스럽고 무익할 뿐 아니라 의리를 크게 해친다면서 불편한 심경을 드러냈다. 이 기사에 의하면 당시 임금은 물론 여러 사람이 《삼국지》를 읽었다는 사실을 알 수 있다. 게다가 인출印出(출판)되어 민간에까지 전해졌다 하니 《삼국지》는 소설 이상의 의미를 가졌던 것 같다.

명나라 때 구우가 쓴 단편 소설집인 《전등신화》는 놀라우리만큼 저속하고 외설적인 책인데도 출판 관리들이 사사로이 재료를 주어 판각하는 데까지 이르렀으니, 학식 있는 사람들은 모두 이를 애통해합니다. 어떤 사람이 이 판본을 없애려고도 하였으나 그대로 오늘에까지 이르렀습니다. 민간에서는 서로 다투어 인출하여 보는데, 거기에는 남녀가 모여 음란한 짓도 하고 도리에 맞지 않으며 괴이하고 불경스러운 말들이 많습니다. 《삼국지연의》는 괴탄함이 이와 같은데도 인출하는 데까지 이르렀으니, 당시 사람들을 어찌 학식과 견문이 있다 하겠습니까? 그 문자를 보면 모두 늘 쓰는 평범한 말이고 경박한 것뿐입니다.[2]

그간 학계에서는 기대승이 선조에게 "이 책이 나온 지 오래되지 아니하여 소신은 미처 보지 못했습니다(此書出來未久, 小臣未見之)"라는 문장과 "《삼국지연의》는 괴탄함이 이와 같은데도 인출하는 데까지 이르렀으니, 당시 사람들을 어찌 학식과 견문이 있다 하겠습니까?(三國志衍義, 則怪誕如是, 而至於印出, 其時之人, 豈不無識?)"라는 문장을 바탕으로 《삼국지》의 실체를 밝히기 위해 많은 노력을 기울였다. 문헌학자 유탁일柳鐸一은 '당시 사람들'이라 번역된 기시지인其時之人의 '기시'는 중국에서 간행된 때를 말한 것이고, 우리나라에서 출판한 '그 당시'라 해석하기엔 무리가 있다면서 『선조실록』에서 일컫는 책은 중국에서 나온 것으로 보았다.[3] 이후 많은 학자가 동조했다.

그러나 중국사회과학원 유세덕劉世德 교수는 '출래出來'는 '전래傳來'와 엄연히 다른 말로 조선 현지에서 나왔음을 뜻하며, 만약 중국에서 건너왔다면 '전래'라는 표현을 썼어야 한다고 이의를 제기했다. '출래'라는 말이 "《전등신화》는 놀라우리만큼 저속하고 외설적인 책인데도 출판 관리들이 사사로이 재료를 주어 판각하는 데까지 이르렀으니"라는 내용과 함께 언급되어 있는 점으로 미루어 조선에서 나온 것을 의미한다고도 덧붙였다.[4] 그러나 모두 추정일 뿐 이렇다 할 결론을 내지는 못하였다.

그러나 금속활자로 찍어낼 만큼 매력적인

2010년 《삼국지》 활자본 1책〔권8〕이 발견되면서 실록에 기록된 《삼국지》가 당시 조선에서 출판된 것이라는 추정에 나름 답을 주었다. 이 책을 소개한 선문대학교 박재연 교수는 「새로 발굴된 조선활자본 《삼국지통속연의》에 대하여」라는 논문에서 『조선왕조실록』에 기록된 《삼국지연의》는 조선에서 인출된 것이고, 목판본이 아닌 금속활자본을 의미한다고 하였다. 그렇기 때문에 "인출하는 데까지 이르렀으니〔而至於印出〕"에서 '인印'이라는 글자를 쓴 점 역시 활자본을 가리킨다고 보았다.

그리고 이 책은 《주왈교본》 중 그림이 없는 갑본甲本을 모본으로 하면서 《가정본》을 참고해 교감을 더하고 상하권으로 분류하여 간행된 독자적 판본일 것이라고 주장했다. 그렇지만 《가정본》 이외 《삼국지》 초기 판본과도 일치하는 부분이 있어 지금은 사라진 《주왈교본》 모본을 저본으로 하여 간행되었으리라는 가능성도 열어두었다. 한편 그는 이 책의 글자체가 1516년부터 임진왜란(1592) 직전까지 70여 년간 사용된 병자자丙子字 중에서도 임진왜란 직전 무렵 활자가 마멸돼 나무활자로 보충한 후기 병자자이며, 실록 기록을 통해 중국에서 《주왈교본》 갑본이 나온 직후인 1560년대 초중반 사이에 인출된 것이라 밝혔다. 우리나라에서 현존하는 《삼국지》 간행본 중 가장 오래된 것이자 한·중·일 삼국을 통틀어 첫 번째 금속활자본이라고 강조하였다.[5]

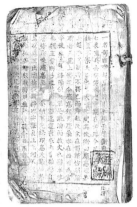

조선활자본 《삼국지통속연의》

　사실 병자자로 출판된 조선활자본 《삼국지》가 『선조실록』에 기록
된 그 책인지 아닌지 확인할 길은 없다. 실록에서 출판과 관련된 기록
에 쓰인 '인출'이라는 단어는 말 그대로 '인쇄하다'라는 의미다. 예컨
대, 『명종실록』을 보면 명종 14년(1559) 10월 19일 경연을 주관하던 홍
섬이 명종에게 김종직의 문집을 예로 들며 "그의 문집은 인출되었으
나 지방의 목판은 희미하고 또한 전하는 사람이 적으니 인쇄하여 조
정과 민간에 배포해야 합니다(其集雖印出, 而外方木板熹微, 且人家罕傳, 宜印布
中外)"라고 하면서 우리나라 문인의 문집을 출판해 배포하기를 청하는
기록이 있다. 여기서 인출은 목판을 가리킨다. 이 때문에 『선조실록』
에 쓰인 '인출'의 경우 목판인지 활판인지를 판단하기 힘들다. 글자체와 실록 기록만으로 조선활자본 《삼국지》의 출판 시기를 1560년대 초 중반으로 단정하는 데에도 무리가 있고, 병자자라는 글자체만 놓고 보면 실록 기록보다 더 이전이거나 이후일 수도 있기에 이 역시 추정 일 뿐이다.

한편 이 책이 목판이 아닌 활자로 인쇄되었다는 점을 생각해보면 《주왈교본》을 모본으로 하고 《가정본》을 참고한 교감본이라 한 것은 쉬 납득되지 않는다. 활판인쇄는 간행 시간과 과정의 신속성 때문에 다양한 자료를 제한적으로 빠른 시간 내 출판할 때 주로 사용된다.[6] 곧 누군가 단시간에 제한적으로 만들기 위해 활자를 활용했다는 말인데, 이 경우 두 책을 비교해가며 텍스트를 교감하고 이를 다시 활자로 조판했다고 하기는 석연치 않다. 물론 중국 서적을 재인쇄할 때 책을 해체해 원본의 낱장을 목판에 뒤집어 붙이고 그대로 새기는 번각翻刻이 아니라면, 원문에 새로 주석을 달거나 교정하여 인쇄 대본을 마련한 뒤 책을 냈다. 이러한 교정은 대개 텍스트를 잘 아는 사람이 담당했다.[7] 그러나 당시 이 작업을 할 만큼 내용에 빠삭한 사람이 있었을까? 다양한 참고용 텍스트 역시 필요했을 텐데 과연 존재했을까? 아마 《주왈교본》 갑본이 아닌 어떤 저본이 있었을 터이고, 그랬다면 그것이 교감본이었을 것이다. 아니라면 이른 시기의 우리가 모르는 또 다른 《삼국지》일 가능성도 있다.

다만 확실한 것은 한 번 판을 새기면 보관했다가 계속 간행 가능한 목판과 달리 활자는 간행 후 판을 해체하기에 추가 인쇄가 불가능하여 출판 부수가 많지 않았다는 점이다. 그리고 금속활자는 기본적으로 중앙 정부 주도로 제작·사용·보관되었으므로 만약 정부가 아니라면, 분명 금속활자 및 서적 출판의 주도권을 쥔 중앙 고위 관료가 이 책의 출판을 진행했을 것이다. 언제, 어떤 책을 저본으로 하여 나왔는지는 정확히 모르지만, 적어도 임란 이전에 이미 고위 관료들이 소량으로 인쇄했다는 것 그리고 금속활자로 인쇄할 만큼 매력적인 텍스트였다는 점은 틀림없다.

역사 기록물로서 삼국지

2

三
國
志

임금께서 문정전 석강에 나오심에, 『근사록』 제2권을 강론하였다.
기대승이 나아가 아뢰었다.

"지난번 무관 장필무를 불러 전하신 말씀 가운데 '장비가 한 번 고
함쳐 만군을 달아나게 했다'고 한 말은, 정사에는 보이지 않는데《삼
국지연의》에 그런 말이 있다고 하셨습니다. 이 책이 나온 지 오래되
지 아니하여 소신은 미처 보지 못했는데, 간혹 벗들에게 들으니 허
망하고 터무니없는 말이 매우 많다고 합니다. 천문, 지리에 관한 책
은 이전에는 숨겨졌다 나중에 드러나는 일이 있기도 하지만, 역사

기록물의 경우는 처음부터 그 전하는 것을 잃어버리게 되면 뒤에 근거가 없어 짐작하기도 어려운데, 설명을 붙이고 이야기를 덧대다 보니 괴상하고 허탄함이 극에 달하였습니다. 신이 뒤에 이 책을 보니 단연코 이는 무뢰한 자가 잡된 말을 모아 옛이야기처럼 만들어놓은 것입니다. 잡스럽고 무익할 뿐 아니라 의리를 크게 해치기까지 합니다. 전하께서 우연히 그것을 한번 보시게 된 것은 매우 편치 못한 일입니다. 그 책 가운데에서 예를 들어 말씀드린다면, 동승의 의대 속 조서라든가 적벽 싸움에서 이긴 것 등은 각각 괴탄한 일을 허무맹랑하게 부연한 것입니다."[8]

기대승의 비판

선조 2년 6월 20일, 석강을 주도한 기대승은《삼국지》를 비판하면서, 군의 지휘관을 불러 이 책의 내용을 언급한 선조를 질책했다. 하지만 기대승의 위 발언을 톺아보면 그가 역사를 부연한《삼국지》를 어떻게 인식했는지 알 수 있다. 그는 이 소설의 부정적 측면을 지적하기에 앞서 천문, 지리서와 역사 기록물의 차이점를 언급한다. 이때 후자에 관한 지적은《삼국지》가 아닌 역사 기록물[史記] 전체에 관한 생각이다.

역사는 사관의 역사관은 물론 역사서가 만들어질 당시 정치·사회·문화적 상황에 영향을 받기 때문에 정확한 사실을 기록한다 해도 설명과 이야기가 덧대어진다. 게다가 애초 기록이 남지 않은 경우는 더욱 그러하다. 따라서 이는 역사 자체의 문제이지 《삼국지》의 문제는 아닌 것이다. 기대승이 《삼국지》를 문제 삼는 이유는 더해진 설명과 이야기 때문이라기보다 "무뢰한 자가 잡된 말을 모아 옛이야기처럼 만들어" "잡스럽고 무익할 뿐 아니라 의리를 크게 해"친다는 데 있다.

선조가 장필무를 불러 전한 《삼국지》속 '장비가 한 번 고함쳐 만군을 달아나게 했다'는 이야기를 진수의 『삼국지』와 비교해보면 이것이 무뢰한의 잡된 말인지 아닌지 쉬 알 수 있다. 이 일화는 당시 유입됐으리라 추정되는 《주왈교본》 제83회 '장비가 강물을 점거하여 다리를 끊다'에 나오는 장면이다. 『삼국지』에서는 유비가 조조의 병사가 도착한다는 소식을 듣고 처자식을 버리고 달아나며 장비에게 기병 20명으로 뒤를 막도록 했다. 장비는 강물을 점거하여 다리를 끊고, 눈을 부릅뜨고 창을 비껴 잡으며 "나는 장비다. 나와 함께 죽음을 결정지으며 싸울 수 있는가!"라고 외쳤다. 적군들은 모두 감히 접근하는 자가 없었고, 유비는 덕분에 위기를 모면하게 되었다고 기록되어 있다.[9]

하지만 《주왈교본》에서는 장비의 우레 같은 소리를 들은 조조의 병사들이 도망치는 모습을 "이야말로 젖내 나는 어린것이 벽력 소리를 들은 격이요, 병든 나무꾼이 범 소리를 들은 격이었다. 달아나는 그들 중에는 창을 버리거나 투구를 떨어뜨린 자가 헤아릴 수 없을 정도요, 그 꼴은 파도가 밀려나가듯 산이 무너지는 듯하여 사람과 말이 서로 짓밟는다"라고 묘사하여 생동감을 더한다. 굳이 《삼국지통속연의》의

서문을 쓴 장대기의 말을 빌리지 않더라도, 이렇게 그린 것은 가깝게
는 송대 문제의 명을 받아 주를 단 배송지와, 멀게는『춘추』와『사기』
를 편찬한 공자와 사마천과 같다. 그러니 어쩌면 기대승은 자신도 미
처 보지 못한 상황에서 벗들의 말만 듣고 비판한 것은 아니었을까.

유학자의 소설 부정론

기대승의 비판처럼 잡스럽고 무익하며 의리까지 해치는 이 소설을
당시 왕을 비롯한 주변 학자들이 읽었고, 임란 이전 고위 관료들이 활
판으로 소량 인쇄할 정도였으니, 문장에는 도道가 실려야 한다는 재도
론載道論적 문학론을 가진 사람들에겐 달갑지 않았을 것이다. 그렇지
만 기대승의 지적처럼 '늘 쓰는 평범한 말〔常談〕'로 이루어졌기에 역사
서보다 쉽고 재미있어 한번 접하면 빠져들 수밖에 없었다.

《삼국지》에 관한 이러한 의견은 이후 여러 문인의 문집에서도 확인
된다. 조선 중기 학자 이식李植(1584~1647)은 잡문을 모아놓은 「잡저雜著」
에서 역사 이해를 돕기 위해 쓴 연사演史, 즉《삼국지》같은 연의소설
의 허구성을 강조하면서 문장 하는 선비마저 이를 살피지 못하니, 책
을 불태워 없앨 것을 주장한다.

역사를 부연한 작품들은 처음에는 어린아이의 장난질 같고 문자 또
한 비속했으나 족히 진실을 어지럽히지는 못했다. 그러나 전해 내려

온 지 오래되면서 진실과 허구가 서로 병행하게 되었고, 그 실린 말들이 이 같은 책 속에 많이 들어왔으니 문장 하는 선비들도 살피지 못하고 그것을 혼용하고 있다. 진수의 『삼국지』는 사마천과 반고에 버금가지만 《삼국지연의》에 가려 사람들이 다시 보지 않는다. 지금은 역대로 각각 연의가 있는데, 명나라 개국을 기록한 책에서조차 황당한 말과 부연을 일삼으니, 마땅히 국가에서 통렬히 금지하여 진나라 때 분서와 같이 해야 한다.[10]

이러한 견해는 이후에도 계속되면서 유학자들의 소설 부정론으로 이어졌다. 하지만 소설 부정론 이면에 있는 유자들의 연의소설 인식이 매우 흥미롭다. 그들은 연의소설의 허황됨을 비판하면서 동시에 이 허황됨이 역사에 이야기를 덧대고, 설명을 붙여 부연했기 때문에 생긴 것이라 주장한다. 그런데 이것은 기대승이 『선조실록』에서 역사 기록물에 대해 언급한 것과 같다. 이들은 《삼국지》와 같은 연의소설을 비록 정사는 아닐지라도 같은 갈래로 본 듯하다.

이는 역사를 바라보는 관점에서 소설을 바라보았기 때문에 나타난 현상이다. 일반적으로 중국이나 우리나라처럼 서사시敍事詩가 없고, 극劇이 늦게 출발한 문학 체계에서는 역사가 중심적 위치를 점했고, 소설은 역사의 한 부분을 차지했다. 이때의 역사 개념은 역사적 사실 및 소설처럼 준역사적 글쓰기 등 다양한 유형까지 포괄하는 것으로 이해된다.[11] 특히, 이식의 말처럼 역사를 부연한 작품일 경우 이 같은 혼동은 어쩌면 당연한 일일 것이다. 그러므로 유학의 도를 공부하는 선비들에게《삼국지》와 같은 연의소설은 부정될 수밖에 없었다.

과거 시험에 출제되다

유자들의 비판에도 불구하고 임란 이후《삼국지》는 김만중의 『서포만필』 속 기록처럼 성행하여 부녀자나 아이까지 외워 말할 수 있게 되었다. 이것으로 볼 때 김만중이 살던 시대 이미《삼국지》가 한글로 번역되어 읽혔거나, 이야기꾼의 입을 통해 민간에 널리 퍼졌음을 알 수 있다.

지금 이른바《삼국지연의》라는 것은 원나라 사람 나관중에게서 나온 것이다. 임진 이후 우리나라에 성행하여 부녀자나 아이 모두 외워 말할 수 있게 되었고 우리나라 선비 대부분도 역사서를 읽으려 하지 않게 되었다. 이 때문에 건안 이후 수백 년의 일을 여기에 의거하여 근거로 삼았다. 예를 들면, 도원결의桃園結義, 오관참장五關 斬將, 육출기산六出祁山, 성단제풍星壇祭風과 같은 것이 왕왕 선배들의 과거 문장에 인용되었고, 전하여 이어지면서 참과 거짓이 섞였다. 여포사극呂布射戟, 선주실비先主失匕, 적로도단계的盧跳檀溪, 장비 거수단교張飛據水斷橋와 같은 것은 도리어 사실이 아니라고 의심하니 매우 가소롭다.[12]

이처럼 임란 이후 《삼국지》는 한문 식자층을 넘어 민간 사람들에게 까지 퍼져 유행하고 있었다. 이러한 인기 속에서 선비들은 역사서를 읽지 않게 되었고, 심지어 유생들은 참과 거짓을 구분하지 못하고 꾸며낸 이야기를 역사적 사실로 오인해 과거 시험의 답안으로 쓰니 문제의 심각성은 클 수밖에 없었다. 실제로 김만중이 당시 대제학 이민서에게 《삼국지》에만 나오는 '눈바람을 맞으며 초려를 방문하다〔風雪訪草廬〕'를 독서당 학사들에게 시험 문제로 출제한 일을 묻자, 이민서가 "유비가 삼고초려한 때가 겨울이었으니, 눈바람 맞은 것은 말하지 않아도 알 수 있지요"라고 대답했다고 한다. 그러니 이러한 비난은 당연한 일이었을 터이다.

　하지만 김만중의 지적은 《삼국지》를 통해 주자학적 정통론을 흥미롭게 익힐 수 있다고 언급한 기록과 연관해볼 때, 《삼국지》 자체보다는 역사서는 읽지 않고 소설을 통해 역사를 배우려는 선비들의 태도에 관한 것임을 알 수 있다. 그는 소동파의 『동파지림』에 나온 "말썽꾸러기 아이들이 유비가 패한다고 할 때는 눈물을 흘리고, 조조가 패한다고 할 때는 기뻐 소리친다"는 부분을 인용한 뒤 이렇게 말했다.

　　이것이 나관중의 《삼국지연의》 시원일 것이다. 이제 진수의 『삼국지』와 사마광의 『자치통감』을 가지고 여러 사람을 모아놓고 이야기를 한다면 틀림없이 눈물 흘릴 자가 없을 것이니, 이것이 통속소설을 짓는 까닭인 것이다.[13]

즉 《삼국지》가 비록 재미를 더하기 위해 역사에 이야기를 덧대고 설명을 붙였어도 그 안에 주자학적 정통론이 들어 있고, 국가 이데올로기를 배울 수 있다면 굳이 배격할 이유가 없다는 뜻이다. 민간 사람들에게까지 어려운 역사서를 읽혀 억지로 국가 이념을 주입하기보다 재미와 감동은 물론 교화까지 베풀 수 있는 소설로 자연스레 습득하도록 하는 편인 훨씬 낫다는 것이 그의 생각이다. 임란 이후 《삼국지》가 유행했던 이유가 바로 여기 있으며, 더욱이 전쟁을 겪은 국민들이 영웅을 갈망하고 기리는 마음도 한몫했다.

3

임병양란이 삼국지를
유행시키다

왜란 당시 구원병으로 파견된 명나라 장수들은 왜군과 전쟁을 치르는 동안 늘 관우 신령이 신병神兵으로 나타나 싸움을 도와주어 전쟁에 승리할 수 있었다고 믿었다. 그래서 명 장수들은 자신의 안위安慰에 대한 감사와 전쟁에서의 승리를 기원하기 위해 관우의 영정을 모신 사당을 세웠다. 조선 후기 학자 이긍익李肯翊(1736~1806)이 쓴 역사서 『연려실기술燃藜室記述』에는 왜란 때 세워진 관제묘에 대한 기록이 자세히 나온다.

정유년 겨울에 명나라 장수가 울산의 적진을 공격하다가 불리하게
되자, 무술년 1월에 퇴병하였다. 그런데 이때 명나라 유격장군 진
인陳寅이 싸우다가 적의 탄환에 맞아 쓰러진 것을 싣고 서울로 돌
아와 치료하면서 숭례문 밖 산기슭에다가 사당 한 채를 창건하였
다. 그 가운데 신상을 설치하여 관우를 모셨더니 장수 양호楊鎬를
비롯하여 모든 장수가 은을 내어 그 비용을 도왔고, 우리나라에서
도 은으로 도왔다. 그 사당이 낙성되자 선조께서도 가서 보았는데,
비변사 모든 관료들이 임금의 행차를 따라 사당 앞뜰에 나아가서
두 번 절하였다.[14]

관우를 신으로 모시던 사람들

이 사당은 서울뿐 아니라 경상도 성주와 안동, 전라도 남원과 강진
등 명나라 군사가 주둔한 곳곳에 세워져 군의 사기를 진작하는 데 도
움을 주었다. 임란 이후 명의 신종神宗은 조서를 내려 "관우의 혼령은
본디 중국에 나타났었는데 왜구를 평정하는 싸움에도 참여하여 본국
을 위해 수고하였으니, 당연히 제사 지내어 숭배해야 한다"면서 금
4,000냥을 내려 서울에 관제묘를 세우도록 했다. 이것이 바로 선조 35
년(1602) 홍인문 밖에 세워진 동묘다.[15]

처음 이 사당에 대한 의례는 명과의 외교관계 때문에 어쩔 수 없이
행하는 형식적인 것이었지만 이후 숙종과 영조, 정조는 관제묘를 자

주 참배하여 군사들이 관우의 충忠 정신을 본받도록 하였다. 그리고 관제묘 참배를 통해 군권을 국왕 중심으로 전환하여 왕권 강화를 꾀하였다. 이처럼 관제묘 제사가 국가 제사에 속하고 관우가 '충의 수호신'으로 인식되면서, 차츰 민간에서는 액을 제거하고 복을 부른다는 제액초복除厄招福의 신으로 정착하였다. 이 때문에 영조는 관왕묘가 음사淫祠를 이루는 것을 단단히 타일러 경계하고 못하도록 명하기도 하였다.[16] 하지만 조선 후기 문장가 박지원朴趾源(1737~1805)의 『연암집』을

관우를 모신 사당 동묘
서울 동대문구 신설동에 있다. 동관왕묘, 관묘, 관제묘, 무묘 등으로 불린다.

보면 일반 백성들은 관우의 영정을 보는 것만으로 병을 고칠 수 있다고 믿었던 듯하다.

> 우사단雩祀壇 아래 도저동桃渚洞에 푸른 기와로 이은 사당이 있고, 그 안에 얼굴이 붉고 수염을 길게 드리운 이가 모셔져 있으니 영락없는 관우다. 학질을 앓는 남녀들을 그 좌상 밑에 들여보내면 정신이 놀라고 넋이 나가 추위에 떠는 증세가 달아나고 만다.[17]

이처럼 전쟁 이후 관우는 하나의 신앙으로 국가에서는 충의 수호신으로, 백성들에게는 제액초복의 신으로 받들어지면서 《삼국지》 유행의 기폭제가 되었다.

물론 관우가 신성시된 것은 《삼국지》가 나오기 이전 민간에서 전승된 이야기에서 비롯한다. 중국에는 수나라 때부터 관우를 우상화하는 묘당이 세워졌으며, 남송 때에는 '장무의용왕壯繆義勇王'이라는 칭호를 부여받고 국가적 제사를 받는 신분이 되었다. 전쟁으로 피폐해진 백성들을 다독이고 그들과 일체감을 강조하기 위해 민간에서 폭넓게 믿은 관우를 국가 신으로 격상한 것이다. 그리고 관우가 끝까지 유비에게 충성을 다하고 곤경에 처해서도 뜻을 굽히지 않은 것을 통해 충성심과 의리를 백성들에게 요구하기 위한 의도도 있었다. 북방 이민족의 침입으로 강남까지 쫓겨나게 된 남송 시대에는 촉한 정통론이 대세를 이루면서 신으로서 관우의 지위 또한 계속 올라갔

다. 명나라 때 와서는 왕의 지위에서 '관성대제關聖大帝'로 드높여지
니 명나라 군대가 가는 곳마다 관제묘가 만들어진 것은 당연했다.

여러 개의 목판본

임란 이후 전국에 만들어진 관제묘에 대한 의례가 처음엔 형식적이
었더라도 관우가 보여준 충성과 의리 그리고 약자의 편에 서서 탐관
오리를 처단하고 떠돌이 신세가 된 정의로운 모습, 게다가 《삼국지》
속에서는 죽어 혼령이 된 이야기까지 국가는 국가대로 백성은 백성대
로 관우를 신으로 추앙하기에 충분했다. 이 같은 분위기 속에서 《삼국
지》에 대한 인식도 점차 변해 계속 간행 가능한 목판본이 만들어져 유
통되기 시작했다. 이 시기 간행된 《삼국지》는 조선각본 《신간교정고
본대자음석삼국지전통속연의》〔일명 《조선각본》〕이다. 이 책은 조선활자
본 《삼국지》가 나온 이후 수요가 많아짐에 따라 《주왈교본》 갑본을
번각한 것이다.

《주왈교본》은 관우의 아들 관색이 등장하는 가장 이른 시기 판본
이다. 지금까지 명나라 만력萬曆 신묘년(1591)에 남경에 자리한 만권루
萬卷樓라는 서점에서 주왈교가 펴낸 책이 가장 오래된 것으로 알려져
있었다. 이 책은 삽화가 있는 것이 특징으로 권1을 제외하고는 제목에
모두 '출상出像' 또는 '전상全像'이라는 말이 들어 있다. 서두에는 각
권의 절목節目, 즉 회의 제목을 표시해두었고 《가정본》과 같이 장상덕

4　3

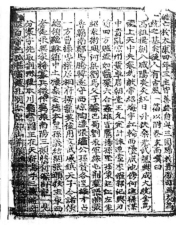
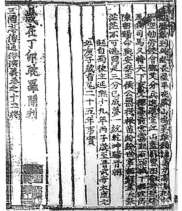

《조선각본》

2　1

〔수염자〕의 〈삼국지통속연의인〉과 장대기〔용우자〕의 〈삼국지통속연의서〉가 있다. 하지만 《가정본》에는 장상덕이 '인引'을 쓴 날이 "가정임오맹하길망嘉靖壬午孟夏吉望" 다시 말해 1522년 4월 15일으로 되어 있는데 반해 이 책은 "가정임자맹하길망嘉靖壬子孟夏吉望" 즉 1552년 4월 15일로 되어 있어 사람들은 임자壬子가 임오壬午의 오타〔오각誤刻〕가 아닌가 생각하기도 했다. 그리고 이 글 바로 뒤에는 "만력신묘계동길망간우만권루萬曆辛卯季冬吉望刊于萬卷樓"라 표기해 이 책이 1591년 12월 15일에 만권루에서 간행되었음을 기록해두었다.

　그런데 《주왈교본》 중 삽화가 없는 몇 권의 책을 유세덕 교수가 중국사회과학원 문학연구소 도서관에서 찾아내면서 삽화가 없는 《주왈교본》을 갑본, 삽화가 있는 《주왈교본》을 을본으로 나누게 되었다.[18] 하지만 중국사회과학원에 소장된 《주왈교본》 갑본은 권1이 빠져 있어 책 서문 등을 확인할 수 없었는데, 박재연 교수가 《주왈교본》 갑본과 《조선각본》을 비교하는 과정에서 두 책이 같은 책임을 밝혀 《주왈교본》 갑본 권1의 판본 형태를 알 수 있게 되었다.[19]

　《조선각본》은 《주왈교본》 을본과 달리 "명나라의 서점에서 주왈교가 간행했다〔明書林周日校刊行〕"는 기록 앞에 "나이 들어 공부한 여릉의 섭재가 어려운 글자를 풀었다〔晚學廬陵葉才音釋〕"는 내용을 첨가했다. 그리고 《조선각본》도 《주왈교본》 을본과 같이 장상덕이 쓴 '인'이 있는데 '인'을 쓴 날이 "가정임자맹하길망嘉靖壬子孟夏吉望"으로 되어 있어 '임자'가 오타가 아닌 《조선각본》의 저본인 《주왈교본》 갑본의 간행

연도가 아닐까 추정하게 되었다.

《조선각본》의 판각 시기는 고서 매매 및 출판업을 겸하던 통문관이라는 서점 대표 이겸로李謙魯의 개인 문고인 산기문고山氣文庫에 소장된 권12와 제주도 민속자연사박물관에 소장된 권12의 끝에 새겨진 "정묘년(1627) 제주도에서 처음으로 간행하다〔歲在丁卯耽羅開刊〕"라는 간행 기록을 통해 알 수 있다. 특히 제주도 민속자연사박물관에 소장된 권12의 간행 기록 옆에는 누군가 "제주목개간濟州牧開刊"이라고 써놓아 제주목 관아에서 판각한 것으로 확인된다. 그리고 마지막 표지 안쪽에는 아래와 같이 북송대 학자 소강절邵康節이 지은 〈십장부가十丈夫歌〉일부를 필사해놓았으며, 맨 끝에는 당나라 시인 왕발王勃의 〈등왕각서滕王閣序〉의 문장도 보인다. 누군가가 이 책을 읽고 난 감회를 표현한 것 같다.

鳳鳥千仞 飢不啄粟　봉황새는 천 길 높이 날지만, 배고파도 곡식을
　　　　　　　　　　쪼지 않네.
雪滿窮巷 孤松特立　눈 덮인 골짜기에 외로운 소나무 우뚝 섰네.
青天白日 廓乎高明　푸른 하늘에 환한 해가 뚜렷이 밝구나.
泰山喬嶽 崒乎高大　태산의 우뚝한 봉우리 높게 솟았네.
落霞與孤鶩齊飛　　　지는 노을은 외로운 따오기와 함께 날아가네.

하지만 판각 형태가 다른 책들도 존재하므로 제주도에서만 출판한

것은 아닌 듯하다. 이는 《조선각본》의 수요가 그만큼 많았음을 방증하는 것으로 《삼국지》의 유행이 어느 정도였는지 짐작하게 한다. 이 시기 유행의 이유는 임병양란을 거치면서 영웅을 갈망하는 백성들의 마음과 관제묘의 건립 그리고 촉한에 대한 동정적 일화가 주자학적 역사관과 부합했기 때문이다. 게다가 《수호전》, 《서유기》, 《금병매》 같은 소설은 당시 중국인이 쓰는 말투 즉 백화白話로 되어 우리나라 사람들에게는 익숙지 않았는데, 《삼국지》는 인물 간 대화를 제외하면 이들 소설에 비해 한문을 아는 식자층에게는 익숙한 고문이 많아 읽

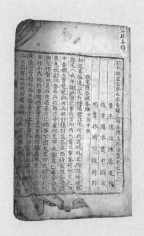
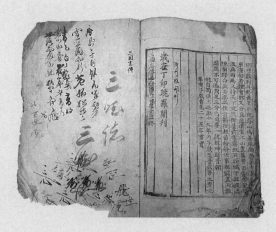

제주도 민속자연사박물관에 소장된 《조선각본》

기 편했다는 점도 한몫했을 것이다.

대청복수 의지를 다지다

《조선각본》 이후 촉한 정통론이 더욱 강화된 《모종강평본》이 유입
되면서 《삼국지》는 유자들에게 더 많은 호응을 얻었다. 왜냐하면 병자
호란 때 북방 오랑캐인 후금(뒤의 청)에게 무릎을 꿇었다는 사실은 왜란
보다 깊은 정신적 상처를 남겼고, 조선 후기 사회가 극복해야 할 주요
과제였기 때문이다. 따라서 효종 이후 제기된 청에 대한 복수를 주장
하는 '대청복수론(북벌론北伐論)'과 명에 대한 의리를 지켜야 한다는 '대
명의리론(존주론尊周論)'은 조정은 물론 일반 백성들에게까지 하나의 이
념으로 자리 잡았다.

『열하일기』에서 박지원은 말구종에게 "네가 만일 중국에서 태어났
다면 어떻겠느냐?"라고 묻자 말구종은 "중국은 되놈의 나라이오니 쉰
네는 싫사옵니다"라고 대답할 정도였으니 청에 대한 반감은 널리 퍼
져 있었다. 이 때문에 17세기 후반부터 '대명의리론'이 강화되면서 주
희의 『통감강목』이 강조되고, 이것의 보급서로서 『자치통감절요』가
중시되면서 『통감강목』에 맞추어 《삼국지》를 바로잡았다고 하는 《모
종강평본》의 인기는 대단했다.[20]

조선 후기 실학자 안정복安鼎福(1712~1791)은 자신이 읽은 사대기서四
大奇書를 참고로 《삼국지》, 《수호전》, 《서유기》, 《금병매》 순으로 순위

를 매기고 《삼국지》에 관해서는 "평론이 새롭고 기이해 볼 만한 게 많았고, 범례도 또한 볼 만했다. 서문도 기이한 글자와 뜻으로 쓰였고, 문법도 매우 기이하였다"라고 언급하였다.[21] 그가 일컫는 《삼국지》는 《모종강평본》으로 내용뿐 아니라 범례와 서문 그리고 평어 등을 매우 신기하게 생각했다.

한편 조선 후기 문장가 이덕무李德懋(1741~1793)는 어린 나이에 아내를 잃은 조카에게 편지로 당부의 말을 전하며 《모종강평본》에 든 평은 너무도 추악하니 절대로 보지 말라고 하였다.

> 모종강도 김성탄의 무리일세. 그의 문장은 재주는 재주이나 종종 추한 면모가 드러나더구나. 내가 일찍이 어느 자리에서 《삼국지연의》를 보다가 칠종칠금七縱七擒과 축융부인祝融夫人의 일에 이르러서는 평론한 글이 너무 추하기에 욕을 하며 책을 팽개쳐버린 적이 있으니, 자네는 절도를 취하길 바라네.[22]

이처럼 조선 후기 식자층은 주로 《모종강평본》을 읽었던 것으로 파악되며, 이들은 《삼국지》의 내용은 물론 모종강의 평어에도 많은 관심을 보인 듯하다. 그런데 같은 시기 중국에서도 주희의 『통감강목』과 《모종강평본》이 유행했는데 그 이유는 사뭇 달랐다. 이민족이 세운 청나라는 강희제康熙帝 이후 한족의 반만反滿 사상을 억압하고, 민심을 수습하기 위해 명 왕조에 이어 주자학을 관학官學으로 삼았다. 따라서 주자학적 정통론이 민족주의를 고취하는 방편이기도 했지만 이면에는 민심과 사상의 안정성을 꾀하기 위한 고도의 전략이 들어 있었다.

　그러나 조선은 주자학적 정통론이 대청복수론과 대명의리론 같은 강력한 국가 이데올로기로 만들어지면서 춘추필법에 의해 써진《모종강평본》도 함께 유행할 수 있었던 것이다. 이렇게 국가 이념을 담은 텍스트로 인식되면서 대거 확산된《삼국지》에 대해 조선 후기 학자 이익李瀷(1681~1763)은 기대승이 선조에게 한 말을 인용한 후, "오늘날에는 간행되어 널리 퍼져 집집마다 송독하고, 과장에서 시제로 삼아 계속 이어져 오는데도 부끄러움을 알지 못하니, 또한 세태가 변했음을 알 수 있다"고 했다.[23] 이제《삼국지》는 집집마다 두고 송독하는 서책이 된 것이다.

4장

온 나라가 빠져들다

조선 후기 소설의 유행은 민간부터 왕실까지 온 나라를 휩쓸었다. 책 거간꾼이 등장하고 상업 출판이 시작됐으며 전문 이야기꾼인 전기수가 출현했다. 역사를 부연하고 대의를 고취하려던 《삼국지》는 흥미 위주로 바뀌었고, 민중은 소설을 통해 당시 간악한 지배층을 통렬히 꾸짖으며 유비 같은 영웅이 나타나길 바랐다.

그림으로 읽는 삼국지

— 같은 장면, 다른 그림 7

삼고초려하는 유비

복룡과 봉추를 찾던 유비는 서서를 만나 군사軍師로 삼고, 서서는 유비를 도와 조인이 펼친 팔문금쇄진을 풀어 조인의 군대를 물리친다. 이에 조조는 서서의 모친을 옭아매 서서를 꾀어내고, 서서는 유비에게 제갈량을 천거하고 떠난다. 유비는 눈바람을 무릅쓰고 세 번이나 제갈량을 찾아가 천하삼분의 계책을 듣고 제갈량을 초빙한다.

그림으로 읽는 삼국지

─같은 장면, 다른 그림 8

한

장판파에서 혼자 아두를 구하는 조자룡

유비는 제갈량의 말대로 신야 백성을 모집하여 군사로 삼고, 제갈량은 이들을 훈련시켜 박망파에서 화공火攻으로 하후돈을 물리쳤다. 화가 난 조조는 조인을 선봉으로 해 신야를 공격했지만 제갈량은 신야에 불을 질러 조인을 물리치고 적군을 둑을 터 수장시켰다. 분기충천한 조조가 직접 군대를 이끌고 번성을 공격하자 수만 명의 백성들은 유비를 따라 도망쳤다. 형세가 다급해지자 유비도 가족과 떨어졌고, 조자룡은 장판파에서 혼자 아두를 구한다.

중

일

1

교화서이자
실용 글쓰기 교과서

三
國
志

『삼역총해三譯總解』는《삼국지》를 번역해 만든 만주어 학습서이다.
숙종 6년(1680)에 민정중閔鼎重이 사역원司譯院 총괄 관원으로 있을 때 여
러 사람과 함께 『청서삼국지淸書三國志』를 강설한 것을 편집해 1703년
간행하였다고 한다. 《삼국지》 만주어 번역본 중 10회[1]를 뽑아 행별로
좌우측에 각각 만주 문자와 한글을 제시하여 만든 것으로, 각 권에 적
힌 《삼국지》의 회 제목으로 미루어 《모종강평본》은 아니고, 그 이전
판본을 만주어로 번역하고 이를 다시 한글로 옮긴 것이다.[2]

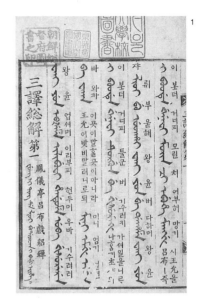

『삼역총해』 조선 시대 만주어 학습서

한글로 번역되다

임란 이후 《삼국지》가 성행하여 부녀자나 아이 모두 외울 수 있게 되었다는 김만중의 말처럼 숙종 대에는 이미 한글로 번역되어 만주어 학습서로까지 만들어진 것으로 보인다. 따라서 《삼국지》의 한국어 번역본도 대략 이즈음 나왔으리라 추정된다. 이전 시대에는 소수 한문 식자층만이 읽었거나 이야기꾼에 의해 민간 사람들이 전해 들었다면, 이제는 부녀자와 아이까지도 읽을 수 있는 책이 된 것이다.

게다가 이들 중 몇몇은 한글《삼국지》의 필사를 도맡아 생산자로서 역할도 했다. 다음은 조선 후기 문신 조태억趙泰億(1675~1728)의 어머니가 민간 부녀자에게 책을 빌려주었다가 낙질이 생겨 안타까워했다는 기록으로 비록《삼국지》와 직접 관련한 것은 아니지만 당시 부녀자 사이에서 소설이 어떻게 인식되었는지를 잘 보여준다.

우리 어머니께서 일찍이《서주연의》수십 편을 한글로 베껴놓았는데, 그중 한 책이 없어져서 완전하지 못했다. 어머니께서 그것을 늘 마음에 두셨는데, 한참 뒤에 옛것을 좋아하는 사람에게서 완질을 얻어다가 이어 써서 없어진 부분을 채워 한 질을 완전하게 하셨다. 얼마 되지 않아, 마을의 어떤 아낙이 어머니께 그 책 보여주기를 부탁하니 어머니께서 바로 전질을 빌려주셨다. 잠시 후 아낙이 또다시 와서 사죄하면서 말하였다.
"빌린 책은 마땅히 돌려드려야 하는데 도중에 한 책을 잃어버렸습니다. 찾아도 찾을 수가 없으니 죽을죄를 지었습니다."
어머니께서는 우선 괜찮다고 하시고 잃어버린 것을 물어보니, 곧 지난번에 없어져서 보충했던 그것이었다. 완전해졌던 것이 이제 다시 불완전해지니 어머니께서는 매우 안타까워하셨다. 2년 후 겨울에, 나는 아내를 데리고 남산 아래에 잠시 살았다. 아내가 마침 병이 들고 무료해서, 같은 집에서 사는 친척 부인의 처소로 가 책을 구하니, 곧 친척 부인이 책 한 권을 보내왔다. 아내가 보니 전에 잃어버린,

어머니께서 손수 베낀 것이었다. 나에게 보라고 하여 내가 보니 과연 그러했다. 이에 아내가 그 친척 부인에게 가서 그 책의 유래를 자세히 물으니 그 부인이 말하기를,

"나는 친척 아무개에게서 얻었는데, 그는 마을 사람 아무개에게서 샀고, 그 마을 사람은 길에서 주웠다더라"라고 했다.

아내가 예전에 잃어버린 사정을 자세히 말하면서 돌려주기를 청하니 그 부인은 기이하게 여기면서 돌려주었다.[3]

이처럼 부녀자 사이에서는 소설이 소중히 필사되었고, 필사된 책은 무료할 때 읽기 위해 서로 빌려 보거나 판매도 하였던 것으로 확인된다. 이러한 사실은 조선 후기 학자 권섭權燮(1671~1759)이 남긴 아래의 글에서도 보인다.

'삼국지'는 돌아가신 할머니 정경부인 함평 이씨께서 손수 필사하신 책이다. 모두 세 책이었는데, 우리 종손인 첨추군僉樞君이 병들어 혼미할 때에 월송 숙모가 가지고 가서 두 책은 잃어버렸다. 내가 듣고 놀라서 한 책을 도로 찾아와서 종손 제응濟應에게 거듭 당부하여, 겹쳐진 부분을 정리하고 장정을 새로 하여 그 위에다 글씨를 써서는 선조의 필적을 넣어두는 상자에 넣어 가묘 안에 보관하게 하였다. 만일 종손의 자손 중에 불초한 자가 있으면, 나의 자손 중에 집안을 잘 다스리는 자가 가지고 가서 잘 간수해야 할 것이다.[4]

권섭의 할머니 함평 이씨는 대청복수론과 대명의리론을 주장한 송시열의 학문을 계승한 권상하權尙夏(1641~1721)의 어머니다. 권상하는 스승 송시열의 유언에 따라 창덕궁 금원禁苑 옆에 왜란 때 원군을 보내준 명나라 신종의 은혜를 갚기 위해 대보단大報壇이라는 제단을 설치하고 신종의 제사를 지내고자 충북 괴산 화양동에 만동묘萬東廟라는 사당을 건립하는 데 주도적 역할을 했다. 앞서 말했듯 조선 후기《삼국지》유행에는 이러한 시대적 상황과 함께 강조된 주자학적 정통론이 한몫했다. 권상하의 어머니 함평 이씨가 대청복수나 대명의리를 위해 '삼국지'를 필사했는지는 알 수 없다. 게다가 그녀가 필사한 책이 정사『삼국지』인지 연의《삼국지》인지도 확인할 길은 없다. 하지만 위의 기록과 같이 조선 후기에 들어오면서 부녀자들이 이제 독자를 넘어 소설을 필사하고 유통하는 단계까지 왔음을 알 수 있다.

부녀자의 취미 생활

조선 후기 과년에 이른 처자들은 글씨 공부를 겸하여 소설책을 필사했고, 이는 시집갈 때 시어머니에게 드릴 혼수 중 하나가 되었다. 시어머니는 며느리가 써서 가져온 필사본 소설책을 통해 며느리의 글씨 솜씨를 보았으며, 그 소설책 읽는 것을 소일거리로 삼았다.[5] 그리고 며느리 또한 소설을 읽으며 시집살이의 고단함을 달랬다. 조선 후기의 문장가 이옥李鈺(1760~1815)이 쓴 여성들의 애환과 세태를 노래한『이

언(俚諺)』이라는 작품집에는 "우리 임 위해서 누비옷을 짓는데 / 꽃기운 때문에 나른하고 피곤해서 / 바늘 돌려 옷섶에 꽂아두고는 / 앉아서 《숙향전》을 읽었답니다"라는 시가 있다. 화자는 아마도 온갖 어려움을 이겨내고 행복을 되찾는 숙향의 이야기를 통해 큰 위안을 받았을 것이다. 게다가 이 소설이 시집오기 전 친정 식구들이 필사해준 책이라면 더욱더 그러했을 것이다.

소설이 점차 성행하면서 소설책은 시집가는 딸에게 주는 일종의 혼수였다. 살림이 넉넉한 집이면 사서 보낼 수도 있겠지만 그렇지 못한 집은 가족이 밤을 새워 필사를 했고, 아래《임경업전》필사 후기처럼 책에 필사자의 마음을 담기도 했다.

> 병오년 2월에 조씨 집안에 시집을 간 딸이 자기 동생의 결혼식을 맞아 집으로 왔다. 《임경업전》을 베껴 쓰려고 시작하였다가 미처 다 베끼지 못하고 시댁으로 돌아가게 되었다. 제 동생을 시켜서 베껴 쓰게 하고 사촌 동생과 삼촌과 조카들도 글씨를 중간중간에 쓰고, 늙은 아비도 아픈 중에 간신히 서너 장 베껴 썼으니 아비 그리울 때 보아라.[6]

이처럼 조선 후기 소설은 며느리가 시어머니에게, 아버지가 딸에게 그리고 자기가 보관해서 두고두고 읽고 자식들에게 전하기 위해 다양한 이유로 필사되었다. 그리고 이러한 과정을 거치면서 소설은 점차 대중화되었고, 이 대중화를 이끈 가장 큰 이유는 뭐니 뭐니 해도 재미있었기 때문이다. 하지만 재미만으로 허황된 소설을 필사해 유통하고 심지어 혼수로까지 보내지는 않았을 것이다. 이렇게 널리 퍼진 또 다른 이유는 소설의 교화적 측면이 부녀자나 아이에게 강조되면서였다.

특히 존주론과 함께 주희의 『통감강목』이 강조되면서 성행하게 된 《삼국지》는 교화서로서 역할을 충분히 했던 듯싶다. 비록 학자들에게 《삼국지》 같은 소설은 이미 허탄한 이야기로 부정적 측면이 부각되었지만, 역사서보다 쉽고 대의는 물론 재미까지 주는 책이라는 점을 고려해보면 《삼국지》는 부녀자나 아동을 위한 교화서로서 충분한 지위를 가질 수 있었다. 이러한 예는 조선 후기 학자 민익수閔翼洙(1690~1742)가 자신의 어머니에 대한 일들을 남긴 「이부인행록李夫人行錄」이라는 글에서 찾을 수 있다.

내 딸들은 모두 한글 책 보는 것을 좋아하지 않았는데, 돌아가신 어머니께선 보라고 매번 권하시며 말씀하셨다.

"부인의 일은 바느질하고 음식 하는 것에 지나지 않으니, 책 읽는 것은 제일 등한시하는 일이다. 보지 않아도 굳이 해될 것은 없지만, 다만 부인의 총명과 지식이 본래 남자에 미치지 않는 데다 또 배우지 않기 때문에 고인의 말과 선현의 덕행에 무지하여, 거의 사면이 담벼락으로 둘러싸인 것과 같아서 깨우치거나 나아질 수 없는 것이다. 『소학언해』나 『내훈』 같은 책들은 항상 보지 않으면 안 된다. 고금의 현인과 학덕이 높은 여인의 말과 행동 중에서 경계 삼을 만한 것은 모두 여러 번 살펴보아야 한다. 역대의 연의소설 같은 것은 또한 마땅히 한두 번 잘 살펴보아야 한다. 이전 시대의 치란과 흥망의 자취를 대략이라도 알게 된다면 덕성을 기르고 식견을 넓힐 수 있게 될 것이니, 이와 같은 것들을 어찌 보지 않겠느냐? 그러나 혼인, 부귀, 신선, 귀신 등에 관한 패설잡기로 말할 것 같으면 일체 볼 만한 것이 못 된다."[7]

이처럼 민익수의 어머니는 딸들에게도 덕성을 기르고 식견을 넓히기 위해 『소학언해』나 『내훈』은 물론 역대의 연의소설로 이전 시대 치란과 흥망의 자취를 배우라 권하고 있다. 또한 조선 후기 학자 송명흠宋明欽(1705~1768)의 아버지는 어려서 책 보기를 싫어하는 자식에게 책 읽는 재미를 주기 위해 《삼국지》를 사 주셨다는 글[8]을 남기고 있으니 이 시기에 《삼국지》는 더 이상 허탄한 책이 아님을 알 수 있다.

남에게 주지 말고 대대손손 전하라

실제로 한글 필사본 《삼국지》의 필사 후기를 보면 필사한 사람이나 읽은 사람이나 단순히 재미만을 위해 책을 보지 않았음을 알 수 있다. "세무진동치칠년歲戊辰同治七年(1868) 추 칠월에 시작하여, 신미辛未(1871) 맹춘 원월에 필하다"로 시작하는 국립중앙도서관에 소장된 17책본

《삼국지》〔일명 《국도관 17책본》〕의 필사 기록은 광주 이씨라는 사람이 2년 반에 걸쳐 《삼국지》를 필사하게 된 이유를 적은 것이다.

> 한글로 된 소설이 모두 허황되지만 《삼국지》는 보배롭게 여겨 간직할 만한 역사서이기에 다른 책을 보고 베껴 쓰는 것이다. 나도 책을 좋아하기가 남에게 뒤지지 않는데 한글 소설이나 공력이 많이 들어간 남자의 역사서나 다르지 않다고 생각하니 우습다. 나이 오십에 쓰다 보니 시력도 흐리지만 틈틈이 밤에도 더러 썼다. 그러니 나의 자손들은 내 공력을 생각하여 부디 상하게 하지 말고 딸을 낳아도 남의 가문에 주지 말며 대대손손 전해지게 해야 할 것이다.[9]

필사자 자신도 책을 무척이나 좋아해 여럿을 읽었지만 여자이기에 공력이 많이 들어간 역사서는 보지 못했던 듯하다. 그런데 이렇게 한글로 된 《삼국지》를 보고서는 보배롭게 여겨 간직할 만한 역사서임을 알기에 잘 베껴 써서 대대손손 집안에 전해지길 바란다고 필사 이유를 적고 있다. 이처럼 당시 사람들은 《삼국지》를 단순히 재미만을 위한 소설이 아니라 역사서처럼 여겼다.

이 책은 《모종강평본》을 저본으로 번역한 것으로 내용 전개에 무리가 안 되는 범위 내에서 축약이 이루어졌으며, 특이하게도 모종강의 평어를 중간중간 번역해두었다. 대개 《삼국지》를 번역할 때 평어는 생략하는 것이 일반적이다. 아마도 문장 중간에 평어가 끼어 있으면 본문을 읽는 데 방해가 되기 때문일 것이다. 그런데 이 책에는 모종강의 평어 외에도 번역자인지 아니면 광주 이씨가 직접 쓴 것인지는 몰라도《모종강평본》에는 없는 설명도 중간중간 덧붙여놓았다. 예를 들어《모종강평본》제37회 '사마휘는 다시 명사를 천거하고 유현덕은 초려를 세 번 찾아가다'에 해당하는 부분에서 유비가 서서의 말을 듣고 예물을 갖추어 제갈량을 천거하러 융중으로 떠나려 할 때 갑자기 찾아온 수경선생을 만나는 장면이 있다. 이때 수경선생은 아관박대峨

국립중앙도서관에 소장된 17책본 《삼국지연의》

冠博帶를 하고 있었는데 이것이 무엇인지 모르는 독자를 위해 "아관박
대는 높은 관, 넓은 띠다"라고 설명을 붙였다. 그리고 수경선생을 만
난 후 다음 날 유비가 관우, 장비와 더불어 융중으로 가는 길에 농부들
이 호미로 밭을 갈며 부른 노래의 가사 중 원개圓蓋와 기국碁局이 나오
는데 이 또한 독자를 위해 "원개는 둥근 덮개라" 하고 "기국은 바둑판
이라" 설명을 달았다. 이처럼 《국도관 17책본》은 《모종강평본》의 평
어와 더불어 한자어 역시 번역자 혹은 필사자가 풀어 설명해주고 있

다. 아마 독자의 이해를 돕기 위해 일부러 삽입해놓은 것일 테고, 이를 통해 사람들은 다양한 한문 어투를 배웠을 것이다.

이러한 이유 때문인지 조선 후기 학자 유만주俞晩柱(1755~1788)는 『흠영欽英』이라는 자신의 일기에서 "연의소설은 잘 해석하고 보기만 한다면 시문時文을 넉넉하게 할 수 있다. 시문이라는 것은 과거 시험의 답안이나 편지 그리고 윗사람에게 올리는 글에 불과하다. 복잡한 골절을 막힘없이 통하게 하고 참신한 표현으로 가다듬기에는 시문이 적합하지 고문은 적합하지 않다"고 하여 연의소설을 통해 시험 답안이나 편지글과 같은 시문을 배울 수 있다고 언급하였다.[10] 이처럼 《삼국지》를 비롯한 연의소설은 조선 후기로 오면서 부녀자와 아동의 교화서로서 역할은 물론 실용적 글쓰기에도 도움을 주는 책이라 인식되었다.

2

三國志

베껴 쓰고 낭독하고
빌려 읽고

조선 후기 소설의 유행에는 사실 왕실도 한몫했다. 규장각에 보관되어 있던 심익운沈翼雲(1734~1782)의 문집에서 「인선왕후어서언서삼국연의발仁宣王后御書諺書三國演義跋」을 찾아낸 서울시립대 국문과 김수영 교수는 이 발문으로 효종의 《삼국지》 향유 사실과 양상을 처음으로 밝혀냈다.[11] 조선 후기 문신 심익운은 효종의 셋째 딸 숙명공주와 혼인한 청평위 심익현의 고손이다. 심익운의 문집 『백일집百一集』에는 집안에 전해오는 왕실 서책과 어찰첩 등에 붙인 발문이 몇 편 있었는데, 그중 하나가 바로 이 발문이다.

왕실에서도 필사하다

이 글에는 효종이 궁중에서 한가로울 때 친히《삼국지》를 번역하고 구술하면 왕후가 손수 받아썼다는 기록과 함께《인선왕후어서언서삼국연의》라는 책의 내력도 함께 적혀 있다.

신은 증조모 이씨 즉 숙명공주의 며느리가 살아 계실 적에 모셨는데, 이씨는 궁중의 일을 익히 아시어 이 책의 본말을 모두 말씀해주셨다. 처음에 효종께서 친히 이 책을 번역하실 때 풀 먹인 종이로 공책을 만드시고, 왕후로 하여금 초고를 쓰게 하셨으며, 간간이 또한 궁인이 대신 쓴 것이 있었다. 책이 이미 이루어지자 장차 초고를 없애려고 하셨는데 공주께서 얻기를 청하시어 없애지 않으시고 마침내 그 책을 공주에게 하사하시니 장황하여 13권이 되었다.[12]

효종이 직접 번역하고 왕후가 초고를 쓴 이 책은 현재 전하지 않지만 적어도 발문으로 짐작컨대 효종은《삼국지》 번역에 많은 공을 들인 것으로 보인다. 이토록 이 책을 아낀 이유는《삼국지》의 오락성 이면에 담긴 촉한 정통론과 관련 있을 것이다. "비록 어리석은 부인이거나 어린아이일지라도 조조는 반드시 죽여야 될 인물임을 알고, 충을 실천하고 의를 행하는 뜻이 일어남이 있으니 어찌 적은 보탬이겠는가!"라는 심익운의 말처럼 효종은 이 책을 통해 청에 대한 복수와 명을 향한 의리를 고쳐코자 했을 것이다.

또한 왕실 뒷이야기까지 기록한 『승정원일기承政院日記』 중 영조 대 기록을 보면 신하들이 잠 못 드는 임금을 위해 소설책을 들고 와 읽어 주었다는 기록을 심심치 않게 발견할 수 있다. 영조 34년(1758) 12월 19 일 기사에는 당시 좌의정 김상로가 밤 시간을 알리는 북소리를 듣고 임금을 찾아가 문안을 드리는 기록이 있다.

김상로가,

"지금 경고更鼓 소리를 들으니 벌써 삼경三更입니다. 어젯밤에도 편 안히 주무시지 못하였으니 오늘 밤은 신臣이 읽어드리는 한글 소설 에 의지해 잠자리에 드시는 것이 어떻습니까?"라고 아뢰었다.

왕은,

"한글로 된 책보다는 한문으로 된 책이 잠자리에 좋다"고 하였다.

상로가,

"어찌 그렇습니까?"라고 묻자,

왕은,

"세간의 말에 옛날 어떤 부인이 아이가 울자 책으로 아이를 덮어주 었더니 곁에 있던 사람이 '책을 덮어주면 아이의 울음을 멈출 수 있 습니까?'라고 물었다. 부인이 '아이의 아비가 평소 책을 가지고 누 우면 곧 잠이 들었으니, 아이를 덮어주면 잠이 들 것입니다. 그러니 한문으로 된 책은 잠을 자게 하는 물건이 아닙니까?'라고 하였다."

이로 인하여 크게 웃으며 왕이,

"내 잠자리에 들 때가 되었으니, 경들도 쉬어야 하니 모두 물러가시
오"라고 하였다.[13)

세간에 떠도는 우스갯말로 농담하는 내용이지만 영조는 평소 신하
들이 읽어주는 소설을 들으면 잠을 편히 잘 수 있었다고 한다. 사가에
있을 때부터 소설을 좋아했던 영조는 《구운몽》을 읽고 여러 차례 잘
지은 글이라 호평하기도 했다. 그뿐 아니라 《수호전》·《서유기》·《삼
국지》를 즐겨 읽었으며 그중 《삼국지》를 더욱 눈여겨 살폈다. 심지어
학문을 닦기 위해 펼친 경연과 같은 공적 자리에서도 왕은 물론 신하
들까지 자연스레 당시 유행하던 《삼국지》를 화제로 삼았다. 그리고
어떤 신하는 어린 동궁이 공부를 좋아하지 않자 역사와 소설을 번역
해 들으면 공부에 재미가 생길 것이라 제안하기도 했다니 영조 시대
소설의 유행은 민간뿐 아니라 왕실까지 온 나라에서 들끓은 듯하다.
그러나 영조는 그리하면 세자가 소설 듣기를 좋아해 독서를 더욱 싫
어하게 될 것이라 반대하였다.

이후 어린 동궁 즉 사도세자는 화원 김덕성 등을 시켜 중국 소설 삽
화를 본떠 그려 『중국소설회모본中國小說繪模本』이라는 화첩을 만들고
손수 서문을 쓰기도 했다. 그동안은 책의 저자가 완산(전주) 이씨로만
기록되어 있어 누구인지 정확히 알 수 없었다. 하지만 몇 해 전 서울대
국문과 정병설 교수가 사도세자의 유고 문집 『능허관만고凌虛關漫稿』

서문과 비교 분석한 결과 사도세자가 직접 쓴 글이라는 점을 확인했다.[14] 맨 앞에 있는 '서序'에서는 본받을 것과 경계할 것 그리고 믿을 만한 것과 믿지 못할 것에 대한 전거를 들어 이 책의 제작 동기를 밝혔으며, 바로 뒤 '소서小敍'에서는 사도세자가 애독했던 소설 83종을 장편, 단편, 연작 그리고 음란소설로 나누어 서명을 정리했다. 그 뒤에는 '적벽대전', '와룡차전'과 같은 그림 128장이 배열되어 있는데, 화원들이 본떠 그린 그림이기에 집의 모양이라든지 인물 표정 등은 우리나라에 맞게 고쳐 그리기도 했다.

두 개의 서문은 사도세자가 뒤주에 갇히기 나흘 전에 쓴 것으로, '서' 맨 마지막에 "이 한 권에 역사가 모두 갖추어져 있으니 봄날 겨울밤 병을 치료하고 쓸쓸함을 달래며 소일하는 데 도움이 되리라"라는 소회가 있다. 그는 아마도 신경증에서 비롯한 비정상적 행동 그리고 이로 인해 시시각각 다가오는 죽음의 공포를 이 책을 통해 잊으려 했던 것으로 보인다.

이처럼 《삼국지》는 왕실에서도 번역, 애독하는 소설이었다. 현재 전하는 왕실 소재 소설들이 효종 또는 영조와 사도세자가 읽은 작품은 아닐 것이다. 하지만 창덕궁 동쪽에 있는 낙선재樂善齋는 헌종 13년(1847)에 왕이 후궁 김씨를 위해 지은 건물로 주로 왕후와 후궁들이 거주했는데, 이곳에는 엄청난 양의 소설책이 보관되어 있었다. 주로 중국 소설을 수입하여 한글로 번역한 것이 많았는데, 대개 상궁이나 궁녀 등이 한글 궁체로 정성껏 베껴 쓴 책들로 내전內殿에서 직접 읽거

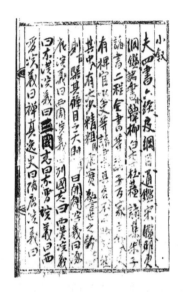

『중국소설회모본』 속 사도세자 '서' , 사도세자 '소서'

나, 나인을 시켜 낭독하게 하였다.

　이 중에는 한글로 번역된 《삼국지》〔일명 《낙선재 39책본》〕도 있었는데, '삼국지통속연의'라는 제목과 240회로 구성된 점, 그리고 제갈량의 운남 정벌 때 관색이 등장하지 않는 것으로 볼 때 《가정본》을 저본으로 번역한 듯하다. 하지만 《주왈교본》 계열의 《삼국지》에만 속한 내용도 있고, 다른 어떤 판본에도 없는 내용도 포함되어 정확한 저본을 판단하기는 힘들다.

　특히 《주왈교본》 제74회 '현덕이 눈바람을 맞으며 공명을 방문하

『중국소설회모본』 속 그림 적벽대전, 와룡차전

다'에는 제갈량이 즐겨 불렀다는 아래와 같은 노래 〈양보음梁父吟〉이 있다. 《삼국지》를 제외한 어떤 문헌에서도 찾을 수 없는 이 노래는 모든 종류의 《삼국지》에 삽입되어 있다.

하룻밤 북쪽 바람은 춥기도 하더니	一夜北風寒
만 리에 구름이 두껍게 모였네.	萬里彤雲厚
끝없는 하늘에는 눈이 어지러이 흩날려	長空雪亂飄
산천의 옛 모습을 모조리 고쳐놓았도다.	改盡山川舊

우러러 크나큰 허공을 보니	仰面觀太虛
아마도 옥룡이 서로 싸우는 듯하다.	想是玉龍鬪
용의 흰 비늘은 분분히 날아	紛紛鱗甲飛
경각간에 우주에 가득하구나.	頃刻遍宇宙
은색 실 같은 백발의 노인이	白髮銀絲翁
어찌 하늘의 도움을 두려워하리.	豈懼皇天佑
나귀를 타고 조그만 다리를 건너면서	騎驢過小橋
홀로 매화꽃이 여윈 것을 탄식하노라.	獨歎梅花瘦[15]

이 시는 내용상 혼란한 시기에 누군가의 천거를 기다리는 은자隱者의 모습이 드러나 있어, 융중 초려에 묻혀 때를 기다리는 제갈량의 처지를 그대로 보여준다. 그러나 《낙선재 39책본》 속 〈양보음〉은 이것과는 전혀 다른 노래다.

걸어 제나라 땅 성문에 나아가	步出齊城門
멀리 탕음 마을을 바라보니	遙望蕩陰里
마을 가운데 세 무덤이 있어	里中有三墳
누누이 정히 서로 같도다.	累累正相似
묻노니 이 누구 집 무덤인고?	問是誰家塚
전강과 고야씨 것이노라.	田疆古冶子
힘은 능히 남산을 박차고	力能排南山

《낙선재 39책본》

글은 능히 지기를 끊도다.	文能絶地紀
일조에 참소하는 말을 입으니	一朝被讒言
두 복숭아로 세 선비를 죽이도다.	二桃殺三士
누가 능히 이 꾀를 하는가?	誰能爲此謀
제나라 안자로다.	相國齊晏子[16)

이 노래는 당나라 때 서예가 구양순이 편찬한 『예문유취藝文類聚』나 송나라 때 문인 곽무천이 쓴 『악부시집樂府詩集』에 들어 있는 〈양보음〉이다. 아마도 번역자는 자신이 기존에 알던 노래를 삽입해 《삼국지》를 보다 역사서처럼 보이려 했던 것은 아닐까 생각된다. 그리고 생소한 지명이나 인명, 관직명 등이 나오면 바로 밑에 작은 글씨로 "고을 이름이라", "누구 이름이라", "무슨 벼슬이라" 등 《주왈교본》의 설명을 번역해 삽입하기도 하였으며, 어려운 한자어는 알기 쉽게 풀이해 설명을 붙였다.

전기수의 출현

조선 후기에 들어와 소설이 상품적 가치를 가지면서 방각본坊刻本과 세책본貰册本이 출현하게 되었고 이는 소설의 유행을 더욱 가속화했다. 방각본은 영리를 목적으로 민간에서 목판으로 출판한 책이고, 세책은 주로 손으로 베껴 필사한 책을 돈을 받고 빌려주는 것을 말한다.

모두 상업 경제가 발달하면서 성장한 것으로 보인다. 이제는 개인 수준의 필사나 한정된 범위 내에서의 돌려 읽기를 넘어 책 거간꾼이 등장하고 전문적으로 상업 출판을 하는 무리가 생겨났으며 전기수라는 전문 이야기꾼이 출현했다. 이러한 시기 일반 대중 전체는 아니더라도 책을 읽을 수 있는 부녀자를 포함한 식자층에서 이미 취미로서의 독서가 이루어졌다 해도 과언은 아닐 것이다.

근대적 취미가 여가를 즐기는 여러 방법 중 하나라면, 적어도 이들 특정인에게 소설을 읽거나 듣는 일은 근대적 취미와 같은 개념일 수 있었다. 물론 문맹률이 절대적으로 높고 활자 문화 자체가 뿌리내리지 못한 상황에서 취미로서 독서나 소비 상품으로서 책에 대한 인식은 아직 일반 대중의 것이 아니었다.[17] 하지만 서서히 일반 대중으로 옮겨가고 있었다.

조선 후기 무신이자 문장에도 능했던 구수훈具樹勳(1685~1757)은 자신의 문집인 『이순록二旬錄』에서 여장을 하고 규방을 돌아다니며 방물을 팔면서 소설도 읽어주던 사내를 다음과 같이 기록하고 있다.

몇 년 전에 어떤 상놈이 10여 세부터 눈썹을 그리고 분을 바르며, 여인들이 쓰는 한글을 배워 소설을 읽어주었는데, 목소리가 마치 여자 같았다. 홀연 간 곳을 몰랐는데 여장을 하고는 사대부 집에 드나들며, 진맥할 줄 안다고 하거나 방물장사를 한다고 하면서 소설을 읽어주기도 하고, 또는 여승들과 결탁하여 불공과 기도를 드리기도 하

였다.[18)

여장까지 한 특별한 경우이긴 하나 이 시대 들어와서는 이렇게 규방을 돌아다니며 소설 읽어주던 사람이 있었던 것으로 파악된다. 아마도 전기수와 같은 전문 이야기꾼이라 말할 수는 없어도 한글을 배워 소설을 읽어주었던 듯하다. 소설이 이미 유통되고 있었지만 한글을 배우지 못한 부녀자는 이렇게 소설을 접했다.

과거의 독서는 눈으로 혼자 읽는 지금의 독서와는 달리 누군가 큰소리로 소설을 읽으면 방 안에 여러 사람이 둘러앉아 바느질도 하고 새끼도 꼬면서 그 이야기를 실감 나게 들었다. 물론 시간이 지나면서 전문적으로 책을 읽어주는 사람이 생겨나기도 했다. 조선 후기 민간의 문장가로 이름을 떨친 조수삼趙秀三(1762~1849)의 문집 『추재집秋齋集』에는 길을 지나는 사람들에게 정기적으로 소설을 읽어주며 돈을 버는 사람의 기록이 나온다.

전기수는 동대문 밖에 살고 있다. 언문 소설책을 잘 읽는데《숙향전》,《소대성전》,《심청전》,《설인귀전》같은 것들이다. 매달 초하루는 제일교 아래, 초이틀은 제이교 아래, 초사흘은 배오개에, 초나흘은 교동 입구에, 초닷새는 대사동 입구에, 초엿새는 종각 앞에 앉는다. 이렇게 올라갔다가 초이레부터는 도로 내려온다. 이처럼 아래에서 위로, 위에서 다시 아래로 옮겨 한 달을 마친다. 다음 달에도 또 그렇게 한다. 책을 잘 읽기 때문에 구경하는 이들이 겹겹이 둘러 싼다. 그는 읽다가 가장 간절하여 매우 들을 만한 대목에 이르면 문득 조용히 소리를 내지 않는다. 사람들은 하회下回를 듣고자 다투어 돈을 던진다. 이것을 일컬어 요전법邀錢法이라 한다.[19]

전기수는 이야기가 절정에 다다랐을 때 중단하고 다음이 궁금하다면 돈을 내도록 하는 요전법으로 돈을 벌었다. 이는 마치 긴 이야기를 여러 회로 나누어 서술한 장회소설의 매회 끝처럼 "뒷일이 어찌 되었는지 알고 싶으면, 다음 회를 나누어 또 들어보시라〔欲知後事如何, 且聽下回分解〕"와 같다. 《삼국지》와 같은 장회소설은 원래 이전 시대 이야기꾼들의 공연에서 만들어진 것이므로 회를 나누어 뒷이야기를 궁금하게 했다. 요전법은 소설의 상품성을 극대화한 것으로, 설사 글을 안다 해도 사람들은 연극적 요소를 가미해 다양한 목소리로 듣는 것을 좋아했고, 많은 이가 이러한 방식으로 소설을 접했다.

『정조실록』에도 종로 거리 담배 가게에서 짤막한 야사를 듣다가 영웅이 뜻을 이루지 못한다는 대목에 이르러 눈을 부릅뜨고 입에 거품을 물면서 담배 써는 큰 칼을 들고 달려들어 책 읽는 사람을 쳐 그 자리에서 죽게 하였다는 기록이 보인다.[20] 조선 후기 문장가 심노숭沈魯崇(1762~1837)이 경남 기장으로 유배되었을 당시 남긴 일기 『남천일록南遷日錄』에는 종로 담배 가게에서 낭독된 소설이 다름 아닌 《임경업전》이었다고 한다. 살인한 사람은 김자점이 임경업 장군에게 없는 죄를

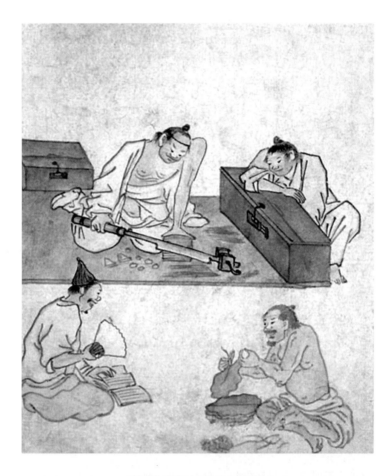

김홍도의 《단원풍속도첩》 중 〈담배 썰기〉

전기수가 읽어주는 소설을 들으면서 담뱃잎을 다듬고 썰고 있다.

뒤집어씌워 죽이는 데 이르러 분기가 솟구쳐 그만 책 읽는 사람을 치며 "네가 자점이더냐!"라고 외쳤단다.[21] 당시 담배 가게는 주로 무뢰한이나 지위가 낮은 군사들처럼 힘깨나 쓰는 사람들이 모였다고 하니, 이들도 소설을 들으며 무료함을 달랬던 것 같다.

심노숭 또한 유배지에 있을 때 무료함을 달래기 위해 소설을 들었다고 한다. 하루는 종일 아파 밖에 나가지도 못하고 무료하기에 사람을 불러《소대성전》을 읽게 했는데 맛없는 글이 한갓 어수선함만 더할 뿐이었다. 다른 날 또 그가 왔기에《삼국지한수대전》을 읽게 하니《임경업전》이나《소대성전》보다는 나았으나 의취가 없기는 마찬가지여서 소일하기에는 부족하였다고 했다.[22]

한편 이옥은 성균관 유생으로 있을 때 순정치 못한 글을 써 정조에게 벌을 받아 영남 지방의 군대에 편입된 적이 있었다. 그는 이때 보고들은 것을 『봉성문여鳳城文餘』라는 책으로 엮었는데, 이 책에는 긴 밤을 지새우는 도구로 방각본《소대성전》을 읽는 기록이 있다. 그에 의하면 이러한 책은 서울 담배 가게에서 부채를 치며 낭독하던 것으로 크게 윤리는 없지만 사람에게 웃음이 그치지 않게 한다고 평했다.[23]

이처럼 소설은 이제 무료함을 달래주는 도구가 되었으며, 장소가 길거리든 담배 가게든 심지어 유배지 골방이든 사람들이 있는 곳이면 어디서나 읽히고 낭독되었다. 게다가 얼마나 재미가 있었으면 돈을 내고서라도, 아니 사람을 쳐 죽이면서까지 빠져들었을까 하는 생각이 든다. 이제 소설은 재미 그 자체만으로 사람들을 매혹하기에 충분했다.

가산을 탕진하게 한 소설

조선 후기 학자 채제공蔡濟恭(1720~1799)은 중국에서 나온 여인들의 수신교화서修身教化書『여계女戒』, 『내훈內訓』, 『여논어女論語』, 『여범女範』을 엮은 『여사서女四書』의 서문에서 당시 부녀자 사이에 유행하던 세책의 폐해를 다음과 같이 말하였다.

> 내가 보건대 근래 부녀자들이 다투어 능사로 삼는 일은 오직 소설을 숭상하는 것뿐인데, 날이 갈수록 더 많아져 천여 종에 이르렀다. 책 거간꾼들은 이것을 다투어 필사하여 사람들에게 빌려주고는 그 삯을 받아 이익을 취하고, 부녀자들은 생각 없이 비녀나 팔찌를 팔거나 혹은 빚을 내서라도 다투어 빌려가 그것으로 하루 종일 시간을 보낸다. 음식 만들고 바느질해야 하는 책임도 잊은 채 이렇게 하기 일쑤다.24)

이 기록에 의하면 당시 책 거간꾼들은 다투어 소설을 필사하고 돈을 받고 빌려주었으며, 부녀자들은 생각 없이 패물을 팔아 빌려 읽느라 가산을 탕진하고 시간을 낭비했다고 한다. 이덕무 또한 채제공처럼 일상 생활에서 지켜야 할 예절과 수신에 관한 교훈 등을 기록한 『사소절士小節』에서 세책으로 집안일을 방치하거나 게을리하는 여인들을 꾸짖었다. 심지어 그 내용이 모두 투기와 음란한 일이므로 부인의 방탕함과

방자함이 혹 여기서 비롯되기도 하니 경계해야 할 것이라고까지 했다.[25] 소설책 몇 권 빌려 보는 일인데 가산까지 탕진하랴 이 난리를 떠나 싶겠지만 당시 책값을 알면 이들의 걱정이 다소 이해는 된다.

조선 후기 학자 황윤석黃胤錫(1729~1791)의 문집 『이재난고頤齋亂藁』에는 서적의 다양한 입수 경로 및 책값 등이 기록되어 있다. 이 책에 따르면 조선 후기 학자 홍계희가 한자를 음운에 따라 분류해 만든 운서韻書 『삼운성휘三韻聲彙』를 교서관 수공업자에게 주문 생산을 의뢰해 3권에 1냥 4전을 지불하고, 조선 후기 학자 이재의의 시문집 『문산집文山集』을 1냥 2전에 구입했다고 한다. 그리고 중국 남송 시대 학자 주희의 문집 『주자대전朱子大典』 76권은 16냥에, 조선 중기 학자 이황의 문집 『퇴계집退溪集』은 6냥에 사들였다고 한다. 이 책에 기술된 당시 4칸 초가집 1채가 40냥이라 하니 『주자대전』 한 질이면 초가집 2채를 살 수 있는 값이다.[26] 게다가 영조 6년(1730) 조정에서 정한 쌀 1섬의 가격은 6냥[27]이라 했으니 『퇴계집』과 같은 가격이다. 이를 보면 당시 책값이 어느 정도였는지 짐작된다. 책값이 이렇게 비싸다 보니 책을 구입하는 일은 엄청난 재력이 있어야 가능했기에 빌려 볼 수밖에 없었다. 게다가 세책업은 말 그대로 영리를 목적으로 하기에 1종의 소설도 여러 책으로 분권하니 부녀자들이 빠지면 가산을 탕진하고도 남았을 것이다.

조선 후기 소설의 성행은 공부하는 선비마저 빠져들게 하고, 심지어 도를 담아야 할 문장에도 소설식 문체를 쓰다 보니 정조는 특단의 조치를 내리게 되었다. 그는 문체라는 것은 자신도 모르게 서서히 물

드는 것이기에 그 해악이 나라의 근간인 주자학에 위배되는 천주학이
나 양명학과 같은 사학邪學보다도 심하다고 하였다.[28] 그러면서 순정
한 문체로 복귀를 위해 문체반정文體反正을 일으켰다. 당시 정약용丁若
鏞(1762~1836)은 임금의 명에 따라 소설의 폐해를 다룬 「문체책文體策」을
쓰면서 소설은 인재人災 중에서도 가장 큰 것이라 하였다.[29]

하지만 문체반정에도 불구하고 소설의 상업 유통은 더욱 활발해졌
고 사람들은 너도나도 다투어 빌려 읽고, 낭독하고, 필사해 물려주는
등 소설에 열광했다.

3

내용을 바꾸거나
새로 창작하거나

三
國
志

이 시기에 와서 소설에 대한 인식도 앞 시대와는 사뭇 달라졌다. 교화적 측면은 점차 퇴색되고 오락성이 자리를 메우다 보니 새로운 내용이 첨가되기도 했다. 게다가 한글로 번역된 소설들은 번역자 혹은 필사자에 의해 개작되기도 했다.

《삼국지》가 역사·교화서에서 취미·오락서로 바뀌는 시기도 바로 이때이며, 세책본이나 방각본은 이러한 변화를 주도했다. 특히 한글 방각본《삼국지》는 경제 여건상 전권을 판에 새겨 책을 만들 수 없었기에 인기 있는 부분만 따로 떼어 축약 혹은 개작되었다. 따라서 역사를 부연하고 정통론을 강화하여 대의를 고취하려던 원래 주제는 점차 희석·변질되고, 재미있는 사건만 부각되어 흥미 위주로 바뀌었다.

초인이 된 조자룡

조선 후기에 나온 한글《삼국지》중 가장 많은 변화가 일어난 작품은 조자룡을 주인공으로 하는《삼국지》권지삼이다. 이 책은 서울에서 출판된〔경판京板〕3권본 또는 5권본《삼국지》[30] 중 권3에 해당하는 것으로《모종강평본》제49회 '제갈량은 칠성단에서 바람을 빌고, 주유는 삼강구에서 불을 지르다'부터 제72회 '제갈량은 지혜를 써서 한중을 차지하고, 조조는 군사를 거느리고 사곡으로 후퇴하다'까지가 축약되어 있다. 하지만 적벽대전에서 패한 조조가 달아나 본진으로 도망치는 내용만 앞 권과 이어질 뿐 이후 전개되는 이야기는 어디에도 없는 완전히 새로운 것이다. 언제 창작되었는지 정확히 알 수 없고, 김동욱 소장 경판 3권본《삼국지》권지삼 끝에 새겨진 "기미년 여름 홍수동에서 새롭게 간행하다〔己未孟夏紅樹洞新刊〕"라는 기록을 통해 대략 1859년 이전일 것으로 추정한다.

《삼국지》권지삼의 전체 내용은 조조가 적벽대전에서의 패배를 설욕하기 위해 한효를 선봉으로 내세워 유비에게 복수하고자 하나 조자룡과 제갈량의 활약에 놀라 퇴병한다는 이야기이다. 그런데 이 작품에서 조조가 선봉으로 내세운 서량태수 한효는《삼국지》는 물론 중국사 어디에도 없는 가공인물이다. 소설 속 전투 장면과 계략, 천기를 읽는 장군들의 활약 또한 없거나 완전히 변형해 만든 것이다. 그로 인해 이 작품이 3권본 또는 5권본 《삼국지》의 일부가 아닌 하나의 독립된 소설이 아닐까 하는 의심을 품게 한다. 게다가 앞 권과 이어진다면 굳이 정욱의 입을 빌려 촉한의 명장들을 따로 소개할 필요가 없었을 텐데, 아래와 같은 도입부를 두어 이 권만 따로 읽어도 《삼국지》의 중심인물이나 대략의 이야기를 상상할 수 있도록 했다.

정욱이 말하였다.
"모사謀士는 남양 땅 제갈량으로 자는 공명이고, 별호는 와룡선생이라 합니다. 위로는 천문에 능통하며 아래로는 지리를 통달하였고 요술로 바람과 비를 불러일으켜 귀신같이 나타났다가 사라지는 계교가 많사옵니다. 그리고 한동 사람 관우와 탁군 사람 장비와 상산 조자룡과 양주 사람 마초 등 네 장수는 천하 명장입니다. 또 당초의 유비는 관우, 장비 두 사람과 더불어 도원결의하여 죽고 사는 고생을 함께하고자 언약하였사옵니다."[31]

즉 《삼국지》 권지삼은 《삼국지》에는 없는 새로운 이야기에 간략한 주요 인물 소개를 더하여 독립된 작품으로 만들어졌다. 그뿐 아니라 조자룡이 천기를 읽고 위기에 처한 관우를 구하러 가는 장면 또한 이 작품을 독립적으로 만드는 데 기여한다. 관우를 구하러 가는

데 배가 없자 조자룡은 자신이 타고 있던 말에게 일러 신이한 재주를 발휘해 산양수를 뛰어넘게 한다. 이 일화는 마치《모종강평본》제34회 '채부인은 병풍 뒤에서 비밀을 엿듣고 유황숙은 말을 날려 단계를 건너다'에서 유비는 채모가 자신을 죽이려 한다는 말을 듣고 적로를 타고 도망쳤지만 단계 계곡이 깊고 물살이 세어 도저히 건널 수가 없었다. 이에 유비는 적로를 채찍질하며 호통치자 적로가 공중으로 세 길을 날아올라 서쪽 언덕에 내려섰다는 장면을 떠오르게 한다. 이처럼《삼국지》권지삼은 조자룡에게 온갖 능력을 부여해 그를 영웅으로 만든다.

　게다가 아래 인용문에서도 조자룡의 영웅적 면모를 강조한다. 이 장면은 원래《모종강평본》제58회 '마초는 군사를 일으켜 원한을 씻으려 하고, 조조는 수염을 자르고 전포를 벗어 도망치다'에서 마초에게 쫓긴 조조가 붉은 도포를 벗고 수염을 자른 뒤 깃발로 턱을 싸매고 도망가는 이야기이다. 그런데 여기서는 마초 대신 조자룡으로 인물을 바꾸고, 더욱이 혼비백산 내빼는 조조의 모습을 더 해학적으로 그려 재미뿐 아니라 유비를 중심으로 하는 촉한 정통론도 드러낸다.

　　조자룡이 후군을 쫓으며 외쳤다.
　　"수염 좋은 자가 조조니 수염 좋은 놈만 잡아라."
　　조조가 이 말을 듣고 더욱 겁이나 얼떨떨하여 칼을 빼 수염을 베어

버리고 도망치거늘 조자룡이 크게 웃으며 급히 따라갔다.

조조는 죽을힘을 다해 달아나다가 문득 투구가 벗겨지자 놀라 말하였다.

"모든 장수는 돌아봐라. 내 머리 그저 있는가?"

정욱이,

"대왕이 머리 없으면 어찌 말씀을 하시겠습니까?"라고 하니,

웃으며 달아나다 나무 그림자만 보아도 조자룡의 칼 빛인 줄 알고 놀라고, 바람 소리만 들려도 조자룡이 오는가 하여 겁을 냈다.[32]

이렇게 조자룡에게 굴욕당한 조조는 분을 이기지 못하고 또 계교를 내어 군사들의 재주 대결을 제의한다. 그런데 이 대결 또한 《모종강평본》 제56회 '조조는 동작대에서 크게 잔치를 벌이고, 제갈량은 세 번째로 주유를 기절시키다'에서 동작대가 완성되자 조조가 축하연을 베풀고 무관들을 불러 활쏘기 시합을 벌이는 것과 닮았다. 하지만 《삼국지》 권지삼에서의 시합이 더 흥미진진하며, 또한 어떤 전투보다도 재미있게 묘사되어 있다.

장비, 조자룡 등이 활을 잡고 나서며 말하길,

"100보 앞에 창을 세우고 쏘아 맞히는 것을 재주라 한다면 용렬한 일이다. 그러니 150보 앞 한쪽에 갑옷을 달고 아무 장수나 먼저 쏘아 맞히면 구멍이 날 것이니 그 후에 쏘는 자는 그 구멍으로 화살을

내보내기로 시험함이 좋겠다"라고 하거늘,

위나라 장수들이 이 말을 듣고 서로 돌아보며 대답하지 못하였다.

조조가 말하길,

"장비의 말이 다 헛자랑이니 제 어찌 갑옷 속을 맞히리오. 여러 장
수 등은 의심하지 말고 저들에게 먼저 쏘라 하면 제 반드시 스스로
물러갈 것이다"라고 하니,

문빙이 옳다고 여겨 즉시 나서며 대답했다.

"사람의 재주는 차이가 없으니 너희가 먼저 쏘면 우리 또한 좇아 쏘
리라."

장비가 즉시 쇠로 만든 활을 당겨 쏘아 갑옷 속을 맞혀 구멍을 뚫으
니 또 조자룡, 마초, 황충 등이 일시에 쏘아 그 구멍으로 내보냈다.
습전관拾箭官이 연이어 깃발을 흔들며 북을 울리니 위나라 장수 등
은 기운이 빠져 감히 나서는 자가 없는지라.[33]

이 이야기 또한 한나라 장수들의 뛰어남을 돋보여 은연중에 촉한
정통론을 강조한다. 이후 조조는 무엇을 해도 한나라 장수들을 이기
지 못하자 마침내 제갈량과 대결을 청한다. 아래 인용문은《삼국지》
권지삼의 마지막 부분으로 제갈량이 '기문둔갑진奇門遁甲陣'을 펴는
장면이다. 이후 조조는 이 진을 보고 놀라 도망가면서 소설은 끝이
난다.

제갈량이 오행五行에 입각해 편 이 진법은《삼국지》어디에도 없

지만 《모종강평본》 제100회 '촉한의 군사는 영채를 엄습하여 조진을 격파하고, 제갈량이 진법으로써 사마의를 꾸짖다'에서 제갈량과 사마의가 벌이는 진법 대결 중 펼쳐진 '팔괘진八卦陣'을 연상시킨다.

제갈량이 여러 장수로 하여금 외쳐 말하게 하였다.

"그대가 약간의 군병을 모아 조그만 진에 의지하여 한나라를 희롱하고자 하니 가장 용렬한 일이라. 나의 진법을 자세히 배워 군병을 거느려 장수를 쓰라."

그리고 장비를 불러,

"그대는 검은 옷을 입고 검은 말을 타고 군사 오백을 거느려 남으로 들어가 북으로 나오되 여차여차하라" 하고,

황충을 불러,

"그대는 붉은 옷을 입고 붉은 말을 타고 군사 오백을 거느려 북으로 들어가 남으로 나오되 여차여차하라" 하고,

마초를 불러,

"그대는 푸른 옷을 입고 푸른 말을 타고 군사 오백을 거느려 서로 들어가 동으로 나오되 여차여차하라" 하고,

유봉을 불러,

"그대는 흰 옷을 입고 흰 말을 타고 군사 오백을 거느려 동으로 들어가 서로 나오되 여차여차하라" 하였다.

이윽고 조자룡을 불러 말하였다.

"그대는 누런 옷을 입고 누런 말을 타고 군사 일천과 오방 깃발을 거
느리고 동남으로 들어가 중앙에 들어 중군이 되어 내 깃발과 북에
따라 진퇴하라." [34]

《삼국지》 권지삼은 이렇듯 《삼국지》에서 모티프를 따와 조자룡
을 중심으로 새롭게 변화시키거나 없는 이야기를 삽입해 완전히 새
로운 소설로 탄생했다. 조선 후기 《삼국지》 독자에게 조자룡은 공사
구분이 확실한 선비 그 자체였을 것이다. 그도 그럴 것이 《삼국지》
에 묘사된 조자룡은 올곧고 성실하며 신의를 중시함은 물론 지모와
용기 그리고 냉철한 판단력까지 지닌 인물이다. 그리하여 다른 장수
보다도 인기가 있었다. 예컨대, 조자룡의 영웅담에는 언제나 신이한
빛이 나온다. 장판파에서 아두를 구할 때도, 조조의 군사들에게 포
위당한 노장 황충을 구할 때도 그랬다. 황충을 구원하기 위해 창을
잡고 적진에 뛰어들어 적을 베는 장면에서 "그의 창은 배꽃이 춤추
는 듯, 번쩍이는 창끝은 흰 눈이 날리는 듯, 또는 상서로운 구름이
나부끼는 듯했다"로 묘사되는 조자룡의 모습은 《삼국지》 전투 장면
중 최고가 아닐까 한다.

이렇게 조자룡이라는 인물로 각 사건을 해결하게 하는 내용으로 볼
때 《삼국지》 권지삼은 경판 3권본 또는 5권본 《삼국지》의 일부라기보
다 처음부터 독립된 소설로 만들어 출판하려던 것 같다. 특히 서울뿐
아니라 안성(안성판)과 완주(완판) 등지에서 새롭게 판을 새겨 출판되었

다. 권지일과 권지이도 같이 출판했는지는 알 수 없지만 현재 전해지는 안성판과 완판은 모두 《삼국지》 권지삼뿐이다. 게다가 완판 《삼국지》 권지삼은 표지 제목이 '언삼국지諺三國誌'로 완전히 독립된 책으로 출판되었다. 이 책은 이후 구활자본 《조자룡전》으로 만들어지기도 했다. 또한 구활자본 《조자룡전》은 앞에 《삼국지》 대략의 줄거리를 삽입한 후 《산양대전》이라는 이름으로 출판되기도 했고, 삼고초려부터 적벽대전까지 이야기를 덧붙여 《삼국대전》이라는 소설로 나오기도 했다.

이처럼 《삼국지》 권지삼은 구활자본으로도 여러 차례 출판되어 당시 독자에게 엄청난 인기를 끌었다. 이러한 인기의 비결은 《삼국지》의 명성과 조자룡에 부여된 초인적 능력 그리고 조조를 겁쟁이로 희화하는 등 독자에게 기존 《삼국지》보다 더 재미있는 이야깃거리를 제공했기 때문이다.

제갈량의 못생긴 부인

《삼국지》 권지삼만큼이나 새로운 소설은 완판 《언삼국지》 하편인 《공명선생실기》다.[35] 이 소설은 융중 초려에 묻혀 사는 제갈량이 꿈속 노인의 도움으로 황승언의 못생긴 딸과 혼인하여 부인에게 여러 술법을 배운다는 이야기이다. 완판 《언삼국지》 상편은 《삼국지》 권지삼과 같이 조자룡에 대한 이야기이고, 하편은 황부인에 대한 것이어서 사실상 흐름이 전혀 다른 두 소설이 한 책에 묶여 있다. 아마도 당시 잘 팔리던 소설을 상·하로 엮어 출판했던 것으로 보인다. 특히 《공명선생실기》는 제갈량과 황부인이라는 인물만 《삼국지》에서 빌려왔을 뿐 《삼국지》에는 없는 제갈량과 황부인의 결혼과 황부인이 펼치는 도술 이야기로 이루어져 독자의 흥미를 끌어낸다.

황부인에 관한 사료史料는 『삼국지』 「촉서」 '제갈량전' 주에 있는 『양양기襄陽記』 기록과 송대 범성대范成大(1126~1193)가 지은 『계해우형지桂海虞衡志』가 고작이다. 특히 명나라 말 경사經史에 통달한 양시위楊時偉는 여러 자료를 모아 제갈량의 문집 『제갈충무서諸葛忠武書』를 편찬했는데, 그는 이 책에서 좁은 산길에서 군량미를 운반하기 위해 제갈량이 고안했다는 목우유마木牛流馬의 제작법은 황부인에게서 나온 것이라고 기록했다.

면남 명사 황승언이 제갈량에게 말하기를,

"그대가 처를 들인다는 말을 들었는데, 내게 못생긴 딸이 있네. 머리카락은 누렇고, 피부색은 검지만 재주가 뛰어나 서로 배필이 될 만하다고 생각되네?"라고 하자,

공명이 이를 승낙하고 폐백을 실어 보냈다.

이때 사람들이 이 일을 웃음거리로 삼고, 마을 사람들이 속언으로 말하기를,

"공명의 처 고르는 것을 따라 하지 말게. 바로 황승언의 못생긴 딸

을 얻을 것이로다."

〔양시위가 살펴보건대 주인을 택하니 영웅을 얻고 부인을 택하니 추녀를 얻었다. 비록 하늘이 맺어준 배필과 천고의 좋은 선택은 대개 공명만 못하지만 목우유마를 만드는 방법은 실로 부인에게서 전해진 것이다. 대개 일대 영웅은 하늘에서 생긴 바 제후를 도울 것이다.〕

제갈량이 융중에 있을 때 손님이 오게 되면 부인에게 부탁하여 국수를 만들어 오게 하면 잠깐 만에 해 왔다. 제갈량이 그 신속함을 이상히 여겨, 뒤에 가만히 보니 여러 개의 나무 인형이 보리를 베어 맷돌에 가는 것이 마치 나는 듯하였다. 이 술법을 배운 후 그 제도를 변하여 목우유마를 만들었다.[36]

이러한 황부인에 대한 이야기는 오직 《모종강평본》에만 나온다. 제117회 '등애는 몰래 음평 길을 통과하고 제갈첨은 싸우다가 면죽 땅에서 죽다'에 촉한이 멸망하기 직전 유선이 제갈첨을 출병시킬 때 제갈량의 아들 제갈첨을 소개하는 장면이 있다. 바로 여기에서 "그 어머니 황씨는 바로 황승언의 딸이었다. 황씨는 용모가 매우 못생겼으나 기이한 재주가 있어 위로는 천문을 통달하고 아래로는 지리에 밝고, 육도삼략과 같은 병서와 둔갑하는 서적에까지 능통했다. 제갈량이 남양 땅에 있을 때, 황씨가 현명하다는 소문을 듣고 청혼하여 아내로 삼았던 것이다. 실은 제갈량도 그 부인에게서 배운 바가 많았다. 제갈량이 죽자 부인도 따라 세상을 떠났다. 임종 때 그녀는 아들

제갈첨에게 오직 충효로서 근본을 삼으라 유언했다"라고 서술하고
있다.

이런 기록 탓인지 중국은 물론 한국에는 '제갈량의 부인은 얼굴은
못생겼으나 재주가 뛰어나 그녀의 도움으로 제갈량은 학업을 달성할
수 있었고, 일생 사업에도 상당한 도움을 받았다' 등의 이야기가 민간
에 많이 전해진다. 특히 《공명선생실기》는 여기에 당시 유행하던 못
생긴 부인이 환골탈태하여 남편을 도와 오랑캐를 물리친다는 《박씨
전》과 같은 이야기가 결합되어 흥미를 더했다.

《공명선생실기》에서 가장 눈에 띄는 이야기는 황부인과 제갈량
의 기이한 결혼담이다. 얼굴이 못생겨 시집을 못 간 황승언의 딸과
집안 살림살이가 넉넉지 않아 장가를 못 간 제갈량은 꿈속 노인의
도움으로 결혼을 한다. 하지만 첫날밤 부인의 흉측한 얼굴을 보자
제갈량은 고민 끝에 신방을 뛰쳐나간다.

이때 부인은 꿈속 노인의 말대로 염치 불고하고 제갈량의 옷자락
을 붙잡고, 제갈량은 놀라 옷자락을 뿌리치다가 그만 옷이 찢어진
다. 부인은 찢어진 옷을 꿰매주겠다며 제갈량을 방에 머물게 하고
기이한 재주로 제갈량을 놀라게 한다.

신부가 촛불을 돋우고 바느질 도구를 내어놓으며 옷을 잡아 바느질
을 할 때 부젓가락 같은 굵은 바늘에 노끈 같은 실을 꿰어 울타리를
만들 듯 듬성듬성 꿰매는 모습은 사람으로서는 차마 보지 못할 것이

다. 삽시간에 지어 이리저리 만지면서 활활 털어 손에 들고 입기를 청하자 제갈량이 옷을 받아 들고 보니 조금도 고친 흔적이 없는지라.[37]

이러한 기이한 장면은 사료나 《모종강평본》에서 보았듯 제갈량 부인의 뛰어난 재주를 구체화한 것으로 작품 곳곳에 들어 있다. 제갈량은 부인의 바느질 솜씨에 놀라지만 추악한 용모와 무례한 행동을 떠올리고는 다시 도망치려 한다. 그러자 이번엔 부인이 대충대충 음식을 장만해 제갈량에게 대접하는데 진수성찬이었다. 하지만 제갈량은 소피를 핑계로 계속 도망치려 들고 부인은 호랑이를 풀어놓거나, 미로를 만들어 가도 가도 제자리에 있게 하는 도술을 펼쳐 붙잡는다.

이에 제갈량은 하는 수 없이 마음을 진정하고 침석에 누었는데 잠깐 자는 사이에 부인은 흉측한 허물을 벗고 천상의 선녀와 같은 모습으로 제갈량 곁에 앉는다.

첩이 전생에 진 죄악으로 흉측한 허물을 쓰고 태어나 부모에 근심을 끼쳤습니다. 그러나 상제께서 불쌍히 여겨 홀연 오늘 밤 공중에서 학 소리가 나더니 선녀 한 분이 내려와 상제의 칙서를 전하고 환약 한 개를 주며 말하길,
"이 약을 먹으면 전생의 얼굴이 될 것이니 너의 가군과 백년동락 하라" 하고 올라갔습니다.

이를 신기하게 여겨 즉시 환약을 먹으니 홀연 이 몸이 변하야 그 전
형상이 없어지고 이 모양이 되었습니다.[38]

이는 부인의 도술이라기보다 원래 모습으로 돌아온 것으로 《공명
선생실기》보다 이른 시기에 나온 듯한 필사본 《황처사전》에는 이러한
탈각이 나타나지 않는다. 필사자가 일부러 없앴는지 아니면 원래 없
던 것인지는 모르나 추한 용모 그대로 살며 제갈량에게 술법을 전하
는 부인에게서 인간다움을 느낄 수 있다. 아마도 사료나 《삼국지》 속
제갈량 부인의 모습을 그대로 투영하려는 작가의 의식 때문일 것이
다. 하지만 《공명선생실기》에서 황부인의 탈각은 마치 《박씨전》에서
친정아버지가 구름을 타고 학 소리를 내며 찾아와 딸의 흉한 외양을
벗겨준다는 내용과 비슷하다.

이후 제갈량은 생일을 맞아 친구들을 초대하여 잔치를 하려는데,
부인은 측목 가지 삼십여 개를 꺾어 부적을 써 붙이고 진언을 외우며
밤이 되기를 기다려 문밖에 던지니 간 곳이 없었다. 삼경이 지나자 난
데없이 남녀 노비 삼십여 명이 무엇을 이고 지고 들어와 진수성찬을
차렸는데 다름 아닌 조조의 어머니 생일상 음식이었다. 이에 대해 작
가는 다음과 같이 언급해 이 소설이 《삼국지》의 이야기를 담고 있음
을 환기한다.

이때 조조는 일국의 권세를 제 마음대로 하고 헌제를 허창에 가두고

조정의 모든 벼슬아치를 임의로 내쫓고 사방 정벌을 마음대로 하니 그 권세 천하에 진동하였다. 때마침 10월 보름이라 조조의 어머니 생일을 맞아 큰 잔치를 베풀고 조정 모든 벼슬아치를 청하여 즐기니 사방에서 가지고 온 산해진물이 산더미처럼 많이 쌓여 털끝만큼도 미진함이 없더라.[39]

　실상 이 소설은 제갈량과 황부인이라는 인물만 제외하면《삼국지》와 관련이 없다. 그런데 이처럼 짧게나마 조조의 횡포를 지적하고, 부인의 도술로 조조가 거두어들인 산해진물을 가지고 와 생일상을 차린 뒤 친구들과 함께 즐기는 대목을 설정해 조조와의 대결구도를 드러낸다. 이다음 제갈량은 부인의 기이한 재주에 감탄하고 자잘한 것이 아닌 군사에 관한 술법을 펴게 해 이를 배우는 장면으로 끝이 난다.

　이처럼《공명선생실기》는 '황부인실기'라 해야 어울릴 만큼 황부인을 중심으로 전개되는 매우 독특한 소설이다. 그래서인지 이와 비슷한 일화를 다룬 또 다른 소설들은《황처사전》(필사본)과《황부인전》(구활자본)으로 나왔다. 이외에도 구활자본《화용도실기》와《산수삼국지》에 황부인의 이야기가 삽입되었으며《공명선생실기》와 달리 '삼고초려'와 '공명의 첫 번째 전투' 그리고 '적벽대전' 등을 넣어 마치《삼국지》의 일부인 양 개작해 많은 사람에게 사랑받았다.

관우에게 참수당한 초선

경판으로 추정되는 《도원결의록》[40]은 《모종강평본》 제20회 '조조
는 허전에서 사냥하고 동승은 비밀리에 조서를 받다'부터 제30회 '원
소는 관도 땅에서 싸우다 패하고 조조는 오소 땅을 습격하여 곡식을
불 지르다'까지를 축약하는데, 특이하게도 다음 인용문처럼 소설 중
간에 관우에게 죽임을 당하는 초선 일화가 있다.

> 관우가 허도에 온 후로 3일은 작은 잔치를 열고, 5일은 큰 잔치를 열
> 었다. 말에 오를 때는 금을 주고, 말에서 내릴 때는 은을 주며 또 미
> 녀 열 명을 뽑아 관우에게 드리니 관우는 모두 두 형수가 계신 곳으
> 로 들여보내 모시게 하였다. 열 명의 미녀가 나와 문안할 때 관우가
> 눈을 들어 바라보니 한 미인의 형용이 달같이 황홀하여 묻기를,
> "네 어떤 사람인가?" 하자,
> 그 미인이 대답하여 말하길,
> "왕사도의 양녀 초선이로소이다" 하였다.
> 관우는 눈을 가리고 바로 보지 아니하거늘, 초선이 그 연고를 묻자
> 관우가 답하였다.
> "네 동탁을 섬겼으니 더러워 어찌 바로 보겠느냐?"
> 초선이 눈물을 머금고 고하여 말하길,
> "천첩이 사도의 충성으로써 그렇게 된 일이고 국운이 불행하여 사

도의 충성을 이루지 못하고 참소하시니 평생 설워하는 바입니다"
하였다.

관우가 말하길,

"어찌 조공을 아니 섬기느냐?" 하니,

초선이,

"조공이 천첩을 친딸같이 알아서 침석을 같이 아니 하니 어찌 섬기겠습니까?" 하였다.

관우가,

"조공이 어떤 연고로 너를 보내던가?" 하니,

초선이 말하길,

"장군의 객회客懷 무료하신가 하여 천첩을 보내시더이다" 하고 고하여 말하길,

"장군이 위에 임자 없고 다음에 부모 없고 또 형제 처자 없으니 어찌 여기 머물러 부귀와 영총을 누리지 아니하십니까?" 하였다.

관우가 크게 노하여 말하길,

"네 나를 동탁 여포로 알고 섬기려 하느냐. 아니 죽이지 못하리라"
하니,

초선이 놀라 꿇어 고하여 말하였다.

"장군은 세 번 생각하소서."

관우가 칼을 들었다 놓으니 초선의 머리 떨어지는지라. 좌우 시녀 낯을 가리고 숨을 못 쉬더라.[41]

이 장면은 관우가 두 형수와 함께 잠시 조조에게 의탁할 때 조조가 관우를 꾀어내기 위해 초선을 이용하자 여인에게 마음 흔들려서는 안 된다며 초선을 참하는 내용으로 《삼국지》 어떤 판본에도 없다. 초선은 《모종강평본》 제8회 '왕사도는 교묘히 연환계를 쓰고, 동태사는 봉의정을 소란케 하다'에서 한나라 황실을 위태롭게 하는 포악한 동탁을 없애는 데 가교 역할을 한다. 역사서에는 등장하지 않지만 『삼국지』 「위서」 '여포장막장홍전呂布張邈臧洪傳'에 "동탁은 늘 여포에게 중문을 지키게 했다. 그 과정에서 여포는 동탁의 시비와 정을 통하였는데, 이 일이 발각될까 두려워 내심 불안해했다"고 기록되어 있다. 아마도 이러한 이야기가 소재가 되어 동탁과 여포 사이를 이간하는 초선이라는 인물이 만들어진 듯하다.

원나라 때 잡극 〈금운당미녀연환기錦雲堂美女連環記〉를 보면 초선은 흔주忻州 목아촌木兒村에서 태어났고, 성은 임任, 이름은 홍창紅昌이다. 그런데 궁녀로서 초선관貂蟬冠을 담당했기에 초선이라 불렸다. 이후 여포의 의부 정원의 주선으로 여포와 결혼하지만 황건의 난으로 헤어진 뒤 어쩔 수 없이 왕윤의 부중으로 들어갔다고 한다.[42] 그리고 《삼국지평화》에서는 초선을 처음부터 여포의 아내로 그리는데 여포와 잠시 떨어져 지낸 사이 왕윤은 우연히 초선을 만나 보살펴주겠다 약속한 후 동탁에게 바치고 이어 여포를 불러 갈등을 일으켜 그로 하여금 동탁을 죽이게 한다.

또한 《삼국지》에서는 초선을 왕윤이 친딸처럼 아끼는 부중의 가기

歌妓로 설정해 이야기를 보다 자연스럽게 했으며, 한나라를 위한 우국지사의 면모를 한층 더 강조했다. 그러나 초선은 동탁이 죽고 나서 여포의 첩이 된 뒤 출정을 막는 연약하고 이기적인 여인으로 묘사되어 나라를 위한 충정이나 강직한 이미지는 반감되었다. 그 후《삼국지》에 더 이상 등장하지 않아 그녀가 어떻게 되었는지 알 수 없다. 다만 거리에 전하는 이야기에 조조가 초선을 관우에게 주었다는 설도 있고, 지금은 그 내용이 전하지 않아 정확히 모르나 원나라 때 잡극〈관대왕월야참초선關大王月夜斬貂蟬〉이 존재하는 것으로 미루어 당시 떠돌던 민담이 변하여《도원결의록》에 삽입된 듯하다.

군사들의 설움을 노래한 적벽가

《삼국지》에 일부 새로운 내용을 첨가해 우리만의 독특한 삼국 이야기를 만들던 시대, 판소리 광대들은 아무도 주목하지 않은 이름 없는 군사들을 주인공 삼아 노래를 만들어 공연했다. 〈화용도타령〉이라고도 불린 판소리 〈적벽가〉가 바로 이것인데, 이 작품은《삼국지》중 가장 재미있는 부분이라 할 적벽대전부터 관우가 화용도에서 조조를 놓아주는 이야기를 창唱으로 만들어 부른 것이다.

전반부에는 소설의 내용을 잘 모르는 청자를 위해 한나라 말기 혼란한 상황과 도원결의를 간략히 묘사하였고, 뒤이어 삼고초려와 장판교 싸움을 통해 적벽대전이 일어난 배경을 설명했다. 판소리 광대는 이러한 이야기 속에서 백성을 사랑하는 유비의 모습을 부각하여 구한 말 시름겨운 생을 살아가는 백성들에게 위안을 주었다.

〔중머리〕 …… 현덕이 암암이 칭찬허여 공순히 앉아서 말을 헌다.

〔아니리〕 "선생님의 높은 성명 들은 제 오래여늘, 선생님을 뵈옵고 저 세 번 찾아온 뜻은 다름이 아니라 한실이 경복傾覆하고, 간신이 농권弄權하야, 종묘사직이 망재조석亡在朝夕이라. 이 몸이 제주帝冑로 서 갈충보국竭忠報國하랴 하되, 병미장과兵微將寡하고 재조단천才操短淺하야 흥복興復치 못하오니, 사직이 처량하고 불쌍한 게 백성이라. 원컨대 선생께서 유비를 위하고, 백성을 위하여 출산상조出山相助하 사이다."

공명이 대답하되,

"양은 본래 무식하야 포의야부布衣野夫로서 세상 공명 모르옵고, 남양에 밭 갈기와 강호에 고기 낚기, 운심부지雲深不知 깊이 묻혀 채약採藥이나 일삼고, 월하月下에 풍월이나 읊을지언정 천하대세 내 어이 아오리까. 낭설을 들으시고 존가허행尊駕虛行하였나이다."

군이 사양 마다허니 현덕이 하릴없어,

〔진양〕 서안을 탕탕 두다리며,

"여보 선생 들조시오. 천하대세가 날로 기울어져 조적曹賊이 협천자 이령제후挾天子而令諸侯를 하니, 사백년 한실 운이 일조일석一朝一夕에 있삽거든 선생은 청렴한 본을 받아 세상 공명을 부운浮雲으로 생각하니 억조창생을 뉘 건지리오."

말을 마치고 두 눈에 눈물이 듣거니 맺거니 떨어지고, 가슴을 두드려 울음을 우니 용의 입김이 와룡강을 진동한 듯, 뉘라 아니 감동하리.

〔아니리〕 두 눈에 눈물이 떨어져 양 소매 적시거늘, 공명이 감동하야 가기로 허락 후에…….

— 박봉술 창본 〈적벽가〉

    이 장면은 판소리 광대가 〈적벽가〉 가운데 가장 비장하게 부르는 대목이라 한다. 광대들은 세상에 나서기를 꺼리는 제갈량을 눈물로 설득하는 장면을 통해 어지러운 세상을 구하고, 불쌍한 백성을 구제하겠다는 유비의 굳은 다짐을 슬프면서도 장엄한 목소리로 들려주었다. 그리고 앞으로 전개될 싸움에서 군사를 죽음의 구렁텅이로 몰아넣는 조조와 대비하여 촉한 정통론은 물론 암울한 시대를 구원할 영웅의 모습을 형상화했다. 이 작품이 널리 불린 19세기 후반은 전국에 들불처럼 번지던 농민 항쟁과 서양의 침입 등으로 백성은 도탄에 빠지고 국정은 혼란했다. 이러한 암울한 시대 상황이 〈적벽가〉와 겹치면서 민중은 유비와 같은 영웅이 나타나기를 간절히 기원했을 것이다.

    제갈량이 유비를 따라 세상에 나왔지만 유비의 병사는 천 명도 되지 않았고, 장수라고 해봐야 열 명도 되지 않았다. 이에 제갈량은 백성을 모집해 스스로 팔진법을 가르쳐 박망에서는 불을 지르고, 백하에서는 물을 써서 하후돈과 조인의 무리를 물리쳤다. 이에 화가 난 조조는 수많은 수륙 대군을 모아 물밀듯이 쳐내려왔다. 조조의 명령에 억지로 끌려온 수많은 군사는 자신이 왜 싸워야 하는지도 모르는 평범한 백성이었다. 원망은 하늘 가득 퍼졌고, 민심은 술렁일 수밖에 없었다. 반면 조조에게 쫓겨 도망을 가는 신야·번성·양양의 사람들은 유비를 따르고자 했고, 유비도 가족은 조자룡에게 맡기고 백성들과 함께 갔다. 《삼국지》 속 유비보다 어쩌면 판소리 〈적벽가〉 속 유비가 더 영웅처럼 보이는 이유는 이렇게 조조와 대비되는 모습 때문일 것이다. 게다가 앞으로 전개될 적벽대전에서 조조의 군사로 조발되어 죽어간 이름 없는 군사들에게서 청자는 힘겨운 자기 삶을 보았을 테고, 이를 구제해줄 영웅을 유비로 그렸을 것이다.

그렇기 때문에 판소리 〈적벽가〉의 주인공은 이름만 들으면 알 만한 유비, 관우, 장비나 제갈량, 조자룡이 아니라 느닷없이 끌려와 싸움 한 번 못하고 영문도 모르고 죽은 무명의 군사들이다. 그래서 판소리 사설 중 많은 부분이 이들의 이야기로 구성되었다. 그중 가장 대표적 사설은 적벽대전 직전 조조의 군사들이 모여 각자의 신세를 한탄하는 '군사설움타령'이다. 그리고 적벽대전 중 화염에 휩싸여 숱하게 죽어간 참상을 그린 '죽고타령'과 적벽대전에서 패한 조조가 쫓기다 남은 군사의 수를 세어보는 '군사점고點考' 사설 등이 판소리 〈적벽가〉에서 가장 많이 가창되는 대목이다.

적벽강에서 일대 결전을 앞두고 조조는 배 천여 척을 쇠사슬로 묶어 평지처럼 만들어놓고 백만 대군을 훈련시킨다. 그리고 술과 안주를 장만하여 군사의 사기를 북돋우며 천하를 얻은 듯 온갖 호기를 부린다. 이때 한 병사가 전립을 벗어 돌돌 말아 베고 누워 봇물 터진 듯이 울음을 우니 옆에 있던 군사가 싸움은 아직 하지도 않았는데 요망스럽게 왜 우느냐 나무란다. 울던 병사 계속해 "네 설움 제쳐놓고 내 설움 들어보아라" 하고는 고향에서 자식 걱정으로 지낼 늙은 부모를 생각하며 다음과 같이 노래한다.

〔진양〕 고당상학발양친高堂上鶴髮兩親 배별拜別한 지가 몇 날이나 되며, 부혜父兮여 생아生我하시고, 모혜母兮여 육아育我하시니, 욕보지은덕欲報之恩德인데 호천망극昊天罔極이로구나. 화목하던 전대권당全大眷黨, 규중의 홍안처자紅顔妻子, 천 리 전장 나를 보내고 오늘이나 소식 올까, 내일이나 기별 올거나, 기다리고 바라다가 서산에 해는 기울어지니 출문망出門望이 몇 번이며, 바람 불고 비 죽죽 오는데 의려지망倚閭之望이 몇 번이나 되며, 서중書中의 홍안거래鴻雁去來 편지를 뉘 전하며, 상사곡相思曲 단장해斷腸解는 주야 수심에 맺혔구나. 조총 환도를 둘러메고, 육전 수전을 섞어 헐 제, 생사가 조석이로구나. 만일 객사를 하게 되면, 게 뉘라서 암사를 하며, 골폭사장骨曝沙場에 흩어져서 오연烏鳶의 밥이 된들 뉘라 손뼉을 두다리며 후여쳐 날려줄 이 뉘 있드란 말이냐. 일일사친一日思親 십이시十二時로구나.

—박봉술 창본〈적벽가〉

이렇듯이 서러워 우니 여러 군사 하는 말이 "부모 생각 너 설움이 충효지심 기특하다"며 칭찬하는데, 한 병사 나서며 "여봐라 군사들아, 이내 설움 들어라. 너 내 이 설움을 들어봐라" 하면서 늦게 얻은 자식을 두고 온 것을 안타까워하며 자신의 설움을 노래한다.

〔중머리〕 나는 남의 오대 독신으로 어려서 장가들어 근 오십이 장근토록 슬하에 일점혈육이 없어 매월 부부 한탄, 어따 우리 집 마누라가 온갖 공을 다 들일 제, 명산대찰名山大刹, 성황신당城隍神堂, 고묘총사古廟叢祠, 석불보살미륵, 노구맞이 집짓기와 칠성불공七星佛供, 나한불공羅漢佛供, 백일산제百日山祭, 신중맞이, 가사시주袈裟施主, 연등시주燃燈施主, 다리 권선 길닦기며 집에 들어 있는 날은 성조조왕成造竈王, 당산천룡堂山天龍, 중천군웅衆天軍雄, 지신제地神祭를 지극정성 들이니 공든 탑이 무너지며 심든 남기 꺾어지랴.

그 달부터 태기가 있어 석부정부좌席不正不坐하고 할부정불식割不正不食하고 이불청음성耳不聽淫聲 목불시악색目不視惡色 십 삭이 절절 찬 연후에 하루는 해복 기미가 있던가 보더라. 아이고 배야, 아이고 허리야, 아이고 다리야. 혼미 중 탄생하니 딸이라도 반가울 데 아들을 낳았구나.

열 손에다 떠받들어 땅에 뉘일 날 전혀 없어 삼칠일이 지나고, 오륙 삭이 넘어, 발바닥에 살이 올라 터덕터덕 노는 모양, 방긋방긋 웃는 모양, 엄마 아빠 도리도리, 쥐암, 잘강, 섬마, 둥둥 내 아들. 옷

고름에 돈을 채워 감을 사 껍질 벗겨 손에 주며, 주야 사랑 애중한 게 자식밖에 또 있느냐?

뜻밖에 이한 난리 '위국 땅 백성들아, 적벽으로 싸움 가자. 나오너라.' 웨는 소리 아니 올 수 없더구나. 사당 문 열어놓고 통곡재배 하직한 후 간간한 어린 자식, 유정한 가족 얼굴 안고 누워 등치며, 부디 이 자식을 잘 길러 나의 후사를 전해주오. 생이별 하직하고 전장에를 나왔으나 언제 내가 다시 돌아가 그립던 자식을 품에 안고, 아가 웅아 얼러볼거나. 아이고 내 일이야.

— 박봉술 창본 〈적벽가〉

전쟁에 승리하리라는 조조의 호기 뒤에 숨겨진 군사들의 설움은 이렇듯 절절하다. 고향에 두고 온 부모 형제와 처자식을 걱정하며 언제 돌아갈 수 있을지, 아니 살아 갈 수는 있을지? 기약조차 할 수 없는 전쟁터에서 닥쳐올 죽음에 대한 두려움으로 설움을 토로하며 눈물짓는다. 이들은 군사 이전에 한 집안의 아들이고, 아버지고, 남편이었다. 하지만 조조의 야욕으로 벌어진 전쟁에 억지로 끌려나와 두려움에 떨고 있으니 그 신세는 불쌍하고 가엽고 처량할 뿐이었다. "위국 땅 백성들아, 적벽으로 싸움 가자. 나오너라"라는 장수의 호통 소리에 어쩔 수 없이 끌려온 사람들, 이 중 어떤 사람은 첫날밤을 치르다 말고 붙잡혀 나왔다니 그 설움 얼마나 컸겠는가? 하지만 이런 비애 뒤 찾아온 적벽의 싸움은 그야말로 지옥이었다.

〔잦은몰이〕 …… 화염이 충천, 풍성風聲이 우루루루루, 물결은 출렁, 전선戰船 뒷동, 돛대 와직끈, 용총활대 노상옥대 우비雨備 삼판다리 족판행장足板行裝 망어網禦 각포대各布袋가 물에 가 풍, 기치旗幟 철철, 장막帳幕 쭉쭉, 화전火箭 궁전弓箭 당파창과 깨어진 퉁노구 거말장 마란쇠 나팔 북 징 꽹과리 웽기령 젱기령 와그르르 철철, 산산이 깨어져서 풍파강상風波江上에 화광火光이 훨훨, 수만 전선이 간곳없고, 적벽강이 뒤끓으니 불빛이 난리가 아니냐?

가련할 손 백만 대군은 날도 뛰도 오도 가도 오무락 꼼짝달싹도 못하고, 숨 막히고, 기막히어, 살도 맞고, 창에도 찔려, 앉아 죽고, 서서 죽고, 웃다 죽고, 울다 죽고, 밟혀 죽고, 맞아 죽고, 애타 죽고, 성내 죽고, 덜렁거리다 죽고, 복장腹臟 덜컥 살에 맞아 물에 풍 빠져 죽고, 바서져 죽고, 찢어져 죽고, 엎어져 죽고, 자빠져 죽고, 무서워 죽고, 눈 빠져 죽고, 등 터져 죽고, 오사誤死, 급사急死, 몰사沒死하야, 다리도 작신 부러져 죽고, 죽어보느라고 죽고, 무단히 죽고, 함부로 덤부로 죽고, 땍때그르르 뒹굴러가다 아 낙상사落傷死하여 죽고, 가슴 쾅쾅 뚜다리며 죽고, 실없이 죽고, 가엾이 죽고, 꿈꾸다 죽고, 한 놈은 떡 큰 놈을 입에다 물고 죽고, 또 한 놈은 주머니를 부시럭부시럭 끄르더니 '어따 이 제기를 칠 놈들아. 나는 이런 다급한 판에 먹고 죽을라고 비상砒霜 사 넣었더니라.' 와삭와삭 깨물어 먹고 물에 가 풍. 또 한 놈은 돛대 끝으로 뿍뿍뿍 기어 올라가더니마는 '아이고 하나님. 나는 삼대독자 외아들이요 제발 덕분 살려주오.' 뚝 떨어져 물에 가 풍. 또 한 놈은 뱃전으로 우루루루 퉁 퉁퉁퉁 나가더니 고향을 바라보며 '아이고 아버지, 어머니, 나는 한 일 없이 죽습니다. 언제 다시 뵈오리까?' 물에 가 풍. 또 한 놈 은 그 통에 한가한 체하고 시조時調 반장 빼다가 죽고, 직사, 몰사, 대해 수중 깊은 물에 사람을 모두 국수 풀듯 더럭더럭 풀며, 적극 赤戟 조총鳥銃 괴약통 납날개 도리송곳 독바늘 적벽풍파에 떠나갈 제, 일등 명장 쓸데가 없고, 날랜 장수도 무용지물이로구나.

— 박봉술 창본 〈적벽가〉

조조는 밤새 술과 고기 내어 군의 사기를 진작했지만 군사들은 싸 워야 할 이유도 모른 채 끌려나온 신세를 한탄하며 눈물을 흘렸다. 한 병사가 이를 보고는 "병졸의 설움은 곧 장수의 불행이다"라 했는 데 이 말이 맞았다. 다음 날 벌어진 전쟁에서 조조는 동남풍은 없을 것이라 호언했지만 천기를 읽고 남병산에 올라가 동남풍을 빈 제갈 량의 지략으로 조조의 군영은 화염에 휩싸였다.

광대는 한 번 싸워보지도 못하고 죽어간 군사들을 판소리 장단 가 운데서도 빠른 편에 속하는 자진모리장단으로 노래했다. 가사를 모 르고 들으면 자칫 흥이 날 이 대목이 바로 〈적벽가〉 가운데 하이라이 트라 할 '죽고타령'이다. 자신과 아무런 상관도 없는 전쟁터에 끌려 나와 처참하게 죽어가는 조조의 백만 대군 죽음을 광대는 흥겹게 부 르는데, 이 흥에 청자는 가슴이 미어진다. 끔찍하게 죽어간 군사들의 주검을 마치 "뜨거운 물에 국수 풀듯 더럭더럭 풀며"라고 묘사한 마지막 대목은 그야말로 적벽대전의 참혹함을 그대로 보여준다.

　이러한 참담한 광경을 뒤로하고 조조는 도망치기 급급하여 "붉은 홍포 입은 것이 조조다" 하면 홍포를 벗고, "수염 긴 게 조조다" 하면 기겁하여 긴 수염을 와드득와드득 쥐어뜯는 것도 모자라 다른 군사를 가리키며 "조조 저기 간다"며 제 이름을 외치면서 비겁하고 졸렬하게 행동한다. 또한 새만 푸르르르르 날아가도 복병인가 의심하고, 낙엽만 버썩 떨어져도 추병인가 의심하여, 엎어지고 자빠지며 오림烏林 험한 곳을 반생반사 도망가다 마침내 화용도로 들어가는 갈림길에 도착한다. 그리고 제갈량의 계략대로 조조는 좁고 험한 화용도를 고르고 자신의 선택을 자화자찬하다 문득 남은 군사가 얼마인지 헤아려보기로 한다.

　　〔아니리〕 …… "또 불러라."
　"후사파에 천총千總 허무적이."
　〔중머리〕 허무적이가 들어온다. 투구 벗어 손에 들고 갑옷 벗어 짊어지고 부러진 창대 거꾸로 짚고 전동전동 들어오며,
　"원하나니 제갈량 동남풍 아닐진대 백만 대병이 다 죽을까. 어찌 타불에 소진하야 돌아가지 못할 패군 갈 도리는 아니 하고 점고는 웬일이요. 점고 말고 어서 가사이다."
　조조 화를 내어,

"이놈, 너는 천총지도리千總之道理로 군례도 없이 오연불배傲然不拜 괘씸하다. 네 저놈 목 싹 베어 내던져라."

허무적이 기가 막혀,

"예, 죽여주오. 승상 장하杖下에 죽거드면 혼비중천魂飛中天 높이 떠서 고향으로 어서 가서 부모처자를 보겠나이다. 당장에 목숨을 죽여주오."

조조 감심하야,

"오냐, 허무적아, 우지 마라. 네 부모가 내 부모요, 네 권솔이 내 권솔이니 우지 마라. 울지를 말아라. 이 허무적아, 우지 마라.

〔아니리〕 우지 말고 거기 있다 점고 끝에 함께 가자. 또 불러."

"좌기경에 골래종이."

〔엇머리〕 골래종이 들어온다. 골래종이 들어온다. 좌편 팔 창을 맞고, 우편 팔 살을 맞아 다리도 쩔룩쩔룩 반생반사 들어와,

"예."

〔아니리〕 조조 박장대소하며,

"어따, 그놈 병신부자病身富者로구나. 우리는 죽고 살기 앞에 달아나면 저놈은 뒤에 느지막이 떨어졌다가 우리 간 곳만 손가락으로 똑똑 가르쳐줄 놈이니 너희 전장 불식不食에 솥정인들 없겠느냐. 저놈 폭신 진하게 달여라. 우리 한 그릇씩 먹고 가자."

골래종이 골을 내어 눈을 찢어지게 흘기며,

"승상님 눈을 보니 인장식人醬食 많이 하게 생겼소."

"어따 보기 싫다. 저놈 쫓아내고 또 불러라."

이렇게 남은 군사를 하나하나 불러들여 점고하지만 악에 받친 군사들은 맘에 들지 않는다. 허무적은 도망갈 궁리는 않고 난데없이 군사점고를 하는 조조에게 따져 묻다 죽게 되자 오히려 잘된 일이라며 어서 죽여달라 대든다. 그리고 온몸에 창과 살을 맞은 골래종은 '병신부자'라 비웃으며 어차피 함께 갈 수 없다면 가마솥에 삶아 먹자는 조조의 눈을 똑바로 쳐다보며 '눈을 보니 사람 죽여 젓 담가 먹게 생겼다'며 덤빈다.

이외에도 다친 데라고는 하나도 없이 멀쩡히 살아온 전동다리는 성한 자신을 보고 장비의 군사가 아니냐고 의심하는 조조에게 "병든 놈은 달여 먹자고 했으니, 성하거든 회 쳐 잡수시오"라고 막말한다. 마지막으로 불려온 마병장수 먹쇠는 타고 있던 말을 제갈량에게 팔아먹었다고 보고한다. 이에 조조는 기가 막혀 "그놈 눈구녕이 큰일 낼 놈이로고" 하니, 먹쇠는 "눈이사 승상님 눈이 더 큰일 낼 눈이지요"라고 맞선다. 이쯤 되면 승상이고 뭐고 없이 막가자는 것이다.

자신의 정치적 야욕 때문에 무고한 백성을 사지로 내몬 것도 부족해 이제는 대든다고 죽이려 하고, 병신 되었다고 비웃고, 다친 곳 없다고 의심한다. 그러니 타던 말을 적국에 팔아먹은 군사를 꾸짖다 되레 더 큰 도적이라는 말까지 듣는다. 세상에 가장 큰 도둑은 결국 백성 등골 빼먹는 간악한 지배층임을 여실히 드러내는 대목이다. 그러면서 겉으로는 근엄한 척하다 위기에 처해서는 비굴함을 그대로 드러내는 간웅이 바로 조조다. 〈적벽가〉 마지막 장면은 막다른 길에서 마주한 관우에게 목숨을 애걸하는 조조의 모습이 끝도 없이 펼쳐진다. 관우의 의로움으로 목숨은 구하지만 장수로서 생명은 이미 죽은 것이나 다름없었다. 백성은 물론 군사들에게마저 버림받은 장수의 목숨이란 살아도 산 것이 아니었으니 말이다. 조선 후기 고달프게 살아가던 백성들은 〈적벽가〉 속 군사들의 입을 빌려 조조처럼 간악한 당시 지배층을 통렬히 꾸짖으며 유비 같은 영웅이 나타나길 내심 바랐을 것이다.

3

三國志

일본을 사로잡은 책, 삼국지

5장

주자학과 더불어 유행의 기틀을 마련하다

에도 막부는 신분제 질서를 다지고 정치적 정당성을 공고히 하기 위해 주자학을 활용했다. 주자학의 성행은 자연스레 남북조 시대의 흥망성쇠를 그린 《다이헤이키》의 인기로 이어졌고, 에도 시대 초기에 들어온 《삼국지》는 이 틈을 타 유행의 기틀을 마련한다. 그리고 천황보다는 쇼군을 백성보다는 무사를 우선시하는 일본 역사 속에서 국가와 백성을 위한 대의보다는 막부와 무사를 위한 충을 강조하는 소설로 점차 변하게 된다.

그림으로 읽는 삼국지

―같은 장면, 다른 그림 9

한

장판교 위에서 대갈일성하는 장비

장비는 조조가 장판교까지 쳐들어오자 대갈일성大喝一聲하여 조조의 군대를 몰아낸
다. 이후 장비는 장판교 다리를 끊어 조조가 더 이상 오지 못하게 막지만 이로 인해 조
조 군의 진격은 더욱 빨라졌다. 다행히 관우가 기병을 거느리고 와 유비는 무사히 적진
에서 빠져나올 수 있었다. 제갈량은 날로 강성해지는 조조를 격퇴하기 위해 손권의 군
사력을 이용해 조조를 치는 계책을 세운 뒤, 손권을 격동시킨다.

중

일

그림으로 읽는 삼국지

─같은 장면, 다른 그림 10

칠성단에서 바람을 비는 제갈량

손권에 의해 대도독에 임명된 주유는 조조를 공격할 계책을 마련하고자 제갈량과 의논하고 둘은 모두 화공을 쓰자고 제안한다. 불로써 조조의 수군을 격파하기 위해서는 배와 배를 묶어놓는 방법이 필요했는데, 방통이 조조를 찾아가 군사들이 병든 까닭은 모두 뱃멀미 때문이니 배를 묶어 육지처럼 만들면 병이 나을 것이라 일러주었다. 서북풍만 부는 한겨울, 제갈량은 칠성단을 만들어 동남풍이 불길 빌고, 주유는 마침내 불어온 동남풍을 이용해 조조의 수군을 모조리 불태운다.

중

일

1

무사들이 써 내려간
일본이라는 나라

三
國
志

《삼국지》가 전해져 일본어로 번역되고, 이를 고쳐 자신들만의 《삼
국지》를 만든 에도 시대 문화를 이해하기 위해서는 먼저 일본의 대략
적 역사와 이를 이끈 무사에 대해 알아야 한다. 비교적 중앙 정치 조직
을 갖춘 야마토大和 정권부터 살펴보면, 이 정권은 오키미大王를 중심
으로 유력 호족들이 뭉쳐 만든 연합 국가였다. 3세기 후반에 생겨나
한반도와 중국의 선진 문화를 수용하며 발전했는데 이후 불교를 받아
들이려는 소가씨蘇我氏와 이를 반대하는 모노노베씨物部氏 간 대립이
전쟁으로 확대되면서 흔들렸다. 소가씨는 전쟁에서 승리하고 중국의

황제처럼 강력한 오키미 중심의 국가를 만들려고 하였다. 하지만 국가를 다스리던 쇼토쿠 태자聖德太子가 죽고 소가씨가 전횡하자 이에 반대하는 세력이 나타나 급기야 나카노오에 황자中大兄皇子가 소가씨를 제거했다.

일본 역사의 특수성

정권을 잡은 나카노오에 황자는 천황이라는 호칭을 공식적으로 사용하면서 덴지 천황天智天皇이 되었다. 그는 다이카大化라는 연호를 정한 후 646년에 모든 토지와 백성은 국가 소유로 천황이 지배하겠다는 대대적 개혁 조치를 내렸다. 그러나 황위 계승 문제로 동생 오아마 황자大海人皇子와 사이가 벌어졌고, 오아마는 천황이 된 어린 조카를 내몰아 죽게 하고 덴무 천황天武天皇으로 등극했다. 그는 권위를 높이기 위해 태양신 아마테라스 오미카미天照大神를 조상신으로 받들고, 율령에 '천황'이라는 호칭을 넣어 일본이 율령을 갖춘 중앙집권 국가라는 점을 대외적으로 과시했다.

8세기 중엽 인구가 증가하면서 토지가 부족해진 데다 각종 세금 부담으로 농민들의 생활은 어려워졌다. 하지만 귀족들은 넓은 사유지인 장원莊園을 가지게 되었고, 권력을 이용해 세금을 내지 않아 국가 수입은 줄어들고 사회는 더욱 혼란해졌다. 이 중 후지와라씨藤原氏는 전국 장원 10분의 1을 소유할 정도로 막강한 세력을 자랑했고, 이후 권력을 독점하여 천황을 꼭두각시로 만들었다.

10세기에 이르자 지방관인 고쿠시國司가 관리하는 국가 영지도 모두 장원처럼 변해 국가 수입은 더 적어졌다. 어쩔 수 없이 정부는 고쿠시에게 일정액의 세금을 받고 지방 통치권을 넘겨주었는데, 고쿠시는 재산을 축적하기 위해 농민들에게 무거운 세금을 강요했다. 사람들은 저항했고 날이 갈수록 치안은 문란해지면서 도적이 들끓었다. 장원 주인인 영주들은 토지와 농민을 지키기 위해 무장하기 시작했고, 사병을 가진 호족의 힘을 빌렸다. 이에 호족을 중심으로 전투를 위한 대규모 집단이 형성되었는데 이 같은 무장 집단을 통틀어 무사武士라 불렀다.

천황의 후손 미나모토씨源氏와 다이라씨平氏는 전국 수많은 무사 집단 가운데 가장 힘 있는 가문으로 성장했다. 이들은 전국 지배권을 두고 10년 동안 전쟁을 했는데, 이 전쟁을 겐페이 전쟁源平戰爭이라 한다. 전쟁을 승리로 이끈 미나모토노 요리토모源賴朝는 1192년 무사 집단의 통솔자 겸 일본의 실질적 지배자를 의미하는 세이타이쇼군征夷大將軍에 취임하고 무사 정권인 가마쿠라 막부鎌倉幕府를 세웠다. 쇼군은 직속 무사 고케닌御家人을 통해 나라를 통치했는데, 고케닌은 쇼군에게 받은 영지를 관리하고 막부에 충성을 다짐했다. 막부가 세워졌지만 아직 전국을 통치한 것은 아니었다. 여전히 교토를 중심으로 서쪽은 천황과 귀족들이 위세를 부렸고, 막부는 지금의 가나가와 현에 있는 가마쿠라를 중심으로 동쪽을 지배했다.

1221년 마침내 천황 측에서 대규모 전쟁을 일으켜 막부를 몰아붙였으나 요리토모가 죽은 후 부인 호조 마사코北條政子가 무사를 규합하면서 위기에 빠진 막부를 구했다. 조큐承久 연간에 일어나 조큐의 난이라 불리는 이 사건에서 천황 측이 완전히 패배하면서 막부는 서쪽까지 지배하게 되었다. 이후 막부는 두 차례에 걸친 몽골 침입을 운 좋게 불어온 태풍으로 막아내 이 바람을 가미카제神風라 일컬었다. 하지만 전쟁에 참가한 고케닌에게 승리의 대가로 나누어줄 토지가 없자 막부와 고케닌의 관계는 악화되기 시작했다.

　당시 천황이던 고다이고後醍醐는 이러한 혼란을 틈타 막부를 무너뜨릴 계획을 수립하고, 불만을 품었던 무사들은 천황을 도와 병사를 일으켰다. 이 중 유력 고케닌인 아시카가 다카우지足利尊氏도 막부를 배신하고 천황 편에 서 가마쿠라 막부를 쓰러뜨리는 데 큰 공을 세웠다. 이로써 천황은 자기 자리를 찾았지만 전쟁을 승리로 이끈 다카우지를 비롯한 무사들은 아무런 보상을 얻지 못했다. 이에 다카우지는 무사들을 결집하여 고다이고 천황을 몰아내고 새로운 천황 고묘光明를 옹립하기에 이르렀다. 그리고 쇼군 지위를 얻어 교토의 무로마치室町에 막부를 세웠다. 하지만 고다이고 천황은 교토 남쪽에서 새로운 조정을 만들어 다카우지에 맞섰고 이때부터 남과 북이 서로 대립하게 되면서 남북조 시대가 열렸다.

　60년간 남북조 시대의 혼란은 지방관으로 파견된 슈고守護들의 힘을 키우는 계기가 되었다. 막부는 지방 무사를 통제하기 위해 전국의 슈고에게 세금의 절반을 군량미 명목으로 걷고 무사들을 통솔할 권한을 부여했다. 하지만 이러한 권한을 이용해 장원을 관리하던 지토地頭까지 가신으로 삼아 영주로 변신하는 슈고가 생겨났다. 넓은 영지를 가진 무사를 다이묘大名라 하는데, 이들이 바로 슈고 다이묘다.

무로마치 막부는 제8대 쇼군 아시카가 요시마사足利義政의 후계 문제로 드러난 무능과 부패로 붕괴되었다. 1467년 정치적 주도권을 두고 쇼군의 동생을 지지하는 무사들과 쇼군의 아들을 지지하는 무사들 간 싸움이 일어났고 11년간이나 지속되었다. 이 싸움을 오닌応仁의 난이라 하는데, 이로 인해 쇼군의 권위는 추락하고 슈고 다이묘의 영향력은 더욱 커졌다. 이 시기 들어 부하가 주군의 자리를 빼앗는 하극상이 만연했고, 살기 위해서는 싸워야 했다. 여기서 상위 권력 따위 아랑곳하지 않고 무력으로 영토를 빼앗아 토지와 농민을 지배하는 실력자가 나타났다. 바로 센코쿠 다이묘戰國大名로 영지 확장을 위해 끊임없이 전쟁을 벌이면서 일본은 바야흐로 전국 시대를 맞이했다.

100년간의 전국 시대를 종식시킨 초석을 닦은 사람은 오다 노부나가織田信長로 그는 서양식 무기 조총을 가지고 전국을 장악했다. 그러나 전쟁터로 가던 중 부하의 배신으로 죽음에 이르고, 노부나가에 충성을 다한 도요토미 히데요시豐臣秀吉가 패권을 쥐게 되었다. 히데요시는 조총은 물론 상인과 토목 기술까지 동원해 전쟁을 승리로 이끈 뒤 무사, 농민, 수공업자, 상인으로 신분을 철저하게 구분하여 직업 간 이동을 금지하는 등 대대적 개혁을 펼쳤다. 전국 통일로 기세가 등등해진 히데요시는 군대를 동원해 조선을 침략했으나 두 차례 원정은 실패로 끝났고, 건강이 악화되어 임종을 앞두고 어린 아들의 장래를 다섯 명의 다이로大老에게 부탁했다. 그렇지만 전쟁에 참여했던 군대와 다이묘에게 나눠줄 전리품이 없자 무사들의 불만은 커졌고, 도요토미 가문에 대한 충성심도 약해진 상황이었다. 그 무렵 다섯 명의 다이로 가운데 도쿠가와 이에야스德川家康가 권력의 핵심으로 떠올랐고, 1603년 마침내 자신의 근거지인 에도에 막부를 세우고 쇼군 자리에 오르면서 3세기 가까운 동안 번영을 누린 에도 시대를 열었다.

이에야스는 오사카 성에 있던 히데요시의 아들을 내몰아 죽게 하고 강력한 막부 정치를 단행했다. 막번체제幕藩體制라 부르는 에도 시대 정치는 쇼군의 통치 기구인 막부와 다이묘의 영지인 번을 합쳐 부르는 말로, 막부는 직할령만 직접 다스리고 번에서는 다이묘의 자치를 보장해주었다. 하지만 다이묘 세력을 통제하기 위해 쇼군은 다이묘 가문에 딸을 시집보내 관계를 돈독히 하는 한편 지방의 다이묘들을 격년으로 에도로 불러들여 강제로 머물게 하는 산킨코타이参勤交代를 제도화했다.

그리고 농민이 무사 계급으로 올라가는 것을 방지하고자 무기를 갖지 못하게 했고, 성 밖에 살게 해 철저히 반란을 방지했다. 다만 상공업자인 조닌町人은 다이묘와 무사들에게 필요한 물건을 대주는 일을 했으므로 무사와 같이 다이묘가 사는 성 아래 조카마치城下町에 살도록 했다. 이 시기 시장이 발달하면서 막대한 이익이 조닌에게 돌아갔고, 조닌 문화가 꽃피었다. 《삼국지》가 전해진 시기도 대략 이 무렵일 것이다. 하지만 천황보다는 쇼군을, 백성보다는 무사를 우선시하는 일본 역사 속에서 《삼국지》는 국가와 백성을 위한 대의보다 막부와 무사를 위한 충을 강조하는 소설로 만들어졌다.

다양한 판본이 유입되다

일본에는 언제 처음으로 《삼국지》가 전해졌을까? 정확한 답을 하기는 힘들다. 하지만 적어도 중국에서 출판되면 거의 동시에 전해졌을 가능성이 매우 높다. 예컨대 에도 시대 초기 도쿠가와 이에야스의 책사로 활약한 승려 덴카이天海(1536~1643)의 장서가 지금도 도치기栃木 현 닛코日光 린노지輪王寺 지겐도慈眼堂에 전한다. 그중에는 만력 44년(1616) 서문이 적힌 《금병매사화金瓶梅詞話》와 숭정 1년(1627) 서문이 담긴 송나라 배경 소설 《박안경기拍案驚奇》도 있다. 이것은 덴카이가 죽기 전 구입한 책이라 한다. 이처럼 중국에서 책이 나오면 거의 동시에 일본에 유입되었다. 또한 오와리尾張에 있는 도쿠가와 집안의 장서 호사문고蓬左文庫에 소장된 풍몽룡의 '삼언' 중 천계 4년(1624) 서문이 쓰인 《경세통언》은 1633년에 구입한 책이라 하니, 에도 시대 초기는 명나라 말 중국과 문자 그대로 동시대적이었다.[1]

《삼국지》 역시 에도 시대 초기에 들어왔을 것이다. 특히 정유재란 때 일본에 끌려간 조선 중기 학자 강항姜沆(1567~1618)에게서 주자학을 배운 후지와라 세이카藤原惺窩(1561~1619)의 제자이자 이에야스의 문교정책 수뇌부 중 한 사람인 하야시 라잔林羅山(1583~1657)의 문집 곳곳에 《삼국지》가 등장하는 것으로 봐서 이 이전에 이미 흘러든 듯하다. 『라잔선생시집羅山先生詩集』 부록을 보면 경장慶長 9년(1604)에 기록된 독서목록 중 『사기』, 『한서』, 『순열한기』, 『통감강목』 등 중국 역사서류와 함께 《통속연의삼국지通俗演義三國志》가 있다. 그리고 라잔이 쓴 『우메무라재필梅村載筆』 「잡雜」 항목에도 『백미고사白眉故事』, 『삼일교왕서三一教王書』, 『당무잠명堂廡箴銘』, 『정충록精忠錄』, 《서유기》, 《열국전列國傳》 등과 함께 《삼국지》가 들어 있다.

또한 에도 시대부터 구입한 한적漢籍을 보관한 나이카쿠문고內閣文庫에는 1591년 남경 만권루에서 나온 《주왈교본》을 비롯해 만력 33년(1605) 건양의 연휘당聯輝堂에서 나온 《신계경본교정통속연의안감삼국사전新鍥京本校正通俗演義按鑑三國史傳》과 만력 38년(1610)에 건양 양민재楊閩齋에서 나온 《중간경본통속연의안감삼국지전重刊京本通俗演義按鑑三國志傳》이 있다. 덴카이의 장서가 보관된 닛코 린노지에도 건양 교산당喬山堂에서 나온 《신록전상대자통속연의삼국지전新錄全像大字通俗演義三國志傳》과 《이탁오평본》이 전해진다. 이뿐 아니라 에도 막부는 임진왜란 때 수탈해 간 많은 서적을 비롯해 중국에서 구입한 책들을 보관하던 스루가駿河 지역의 책을 양도받았는데 여기에도 만력 31년(1603)에 건양 충정당忠正堂에서 나온 《신계음석평림연의합상삼국사전新鍥音釋評林演義合相三國史傳》이 등장한다. 스루가문고의 설립이 경장 12년(1607) 무

럽이므로, 이 전후로 주로 복건에서 출판된 《삼국지》가 대거 들어온 것 같다.[2]

　이 시기에 《삼국지》를 비롯한 많은 서적이 흘러든 이유는 에도 시대 문교 정책 때문이기도 하겠지만 명나라 말기에 일어난 출판 붐도 한몫했다. 중국은 명나라 말기 상업 경제가 발달하면서 책 수요가 늘어났고 그에 따라 공급이 증대하면서 출판업이 성행하였다. 특히 지방관이 임기가 끝나 부임지에서 북경으로 돌아가면서 예물을 준비할 때, 일서일파一書一帕라 하여 책도 함께 주는 서파書帕 관습이 있었다. 서파는 대부분 관청에서 만들었는데 그야말로 예물이었기에 내용보다 겉모양이 중요했다. 관청에서는 이러한 책을 제작하면서 당시 유행하던 소설은 물론 다양한 종류의 책도 함께 간행하기 시작했다.

　그리고 돈이 있는 집안은 각공刻工을 고용해 조상의 책을 판각하는 일을 일종의 효행으로 생각했고, 자기가 소장한 귀중한 책을 판각해 권위와 명성을 얻었다. 책에 대한 관심이 높아지면서 각공과 인쇄공을 고정적으로 고용한 출판업자가 생겨났고, 책은 기하급수적으로 늘어났다. 특히 책을 만들 때 필요한 목재가 강을 따라 대량 유입되는 남경과 소주 등을 중심으로 출판업이 성행했다. 이 중 남경은 현재 대학에 해당하는 국자감이 자리해 과거 시험에 필요한 참고 서적을 많이 만들었다. 출판량이 증가하자 송나라 때부터 출판업이 발달한 복건에서는 이익만을 노린 값싸고 형편없는 책을 대량으로 찍어냈다.[3]

　《삼국지》도 이러한 출판 붐 속에서 강남과 복건을 중심으로 출간되었다. 예컨대 원대에 만들어진《삼국지평화》를 비롯한 평화 시리즈가 간행된 곳도 복건의 건양 지방이다. 복건의《삼국지》는 거의 대부분 '삼국지전'이라는 표제를 지녔고,《삼국지평화》처럼 상단에 삽화를, 아래에 글을 실은 상도하문上圖下文 형태를 취했으며 통속적이었다. 반면 강남의《삼국지》는 삽화가 없거나 있다 하더라도 한 면 또는 좌우 양면에 정교하게 넣었으며 문인 지향적이었다.[4] 현재 전하는《삼국지》중 강남에서 출판된 책은 중국 각지에 남은 데 비해 복건에서 출판된 책은 일본·독일·영국 등 대부분 해외에 있다. 아마도 17~18세기 무렵 해상 교역으로 해외로 흘러간 듯하다. 복건은 당시 서양이나 일본과 교역이 활발한 지역인 데다 책에 그림이 있어 한자를 모르는 유럽인도 하나의 골동품처럼 애호한 것 같다.

특히 일본은 복건에서 출판된 다양한 종류의《삼국지》는 물론 세계에서 가장 많은《삼국지》판본을 보유하고 있으며,《삼국지평화》를 가진 유일한 나라다. 이는 에도 시대 초기 대명 무역으로 다량의 서책을 들여와서이며, 호사문고와 나이카쿠문고 등에 엄청난 양의 한적 자료가 보관된 것 역시 섬나라라는 지리적 특성상 외부 침입이 적어 수탈 피해가 거의 없었기 때문이기도 하다.

2

천황과 주자학으로
국가 기틀을 닦다

三國志

일본 최초의 주자학자로 알려진 라잔의 문집 속《통속연의삼국지》가 어떤 종류의《삼국지》인지는 알 수 없다. 하지만 적어도 『사기』와 『한서』, 주희의 『통감강목』과 나란히 있는 것으로 미루어 역사서로 분류된 듯하다. 일본에 다양한《삼국지》판본이 들어올 수 있었던 이유 또한 역사서라는 인식 덕분이 아닐까.

천황을 내세우다

『라잔선생시집』「미나모토 쇼군 다카우지源將軍尊氏」에는 일본 남북조 시대를 빚은 왕조 찬탈 기록이 나오는데, 라잔은 고다이고 천황을 요시노吉野(지금의 나라 현)로 몰아내고 고묘 천황을 옹립한 아시카가 다카우지를 도적으로 서술한다. 그러면서 "옛 성인이 『춘추』를 지으실 때 위나라 대부로 난을 일으켜 영공을 몰아낸 제표齊豹와 노나라 계씨 집안 가신으로 국정을 전횡한 양화陽貨 같은 부류는 모두 도적이라고 기록했다. 나쁜 마음을 먹은 자를 벌하는 성인의 필법이 엄하였기 때문이다. 의리를 아는 자는 제갈량이 조조를 물리쳐 도적으로 삼은 데 대해 명분을 어지럽히지 않음이 이와 같다고 여겼기 때문이다"라면서 제갈량과 조조를 언급했다. 그리고 천황의 상징인 신기神器를 빼앗아 남조를 쓸어 없앤 일에 대해 『시경』「진풍秦風」 황조黃鳥편의 "저 푸르고 푸른 하늘아, 우리 착한 아들을 죽였구나〔彼蒼者天, 殲我良人〕"라는 시구를 들어 가슴속 번뇌를 하늘에 호소하였다.[5] 대의와 명분을 강조한 공자의 춘추필법을 끌어와 다카우지에게 내몰린 고다이고 천황을 옹호하면서 동시에 에도 막부의 정당성을 확립하고자 한 것이다.

전쟁만을 일삼고 하극상으로 지위를 높여온 전국 시대 무사들에게 이 같은 춘추대의를 말하기란 쉬운 일이 아니었다. 그러나 에도 시대 들어 라잔과 같은 학자들이 등장하면서 학문 특히 주자학에 관심을 보이기 시작했다. 처음 일본에 주자학이 전해진 것은 가마쿠라 시대 선승들을 통해서였다. 그들은 주자학이 선종의 교리와 다르지 않다고 주장했다. 예컨대, 사물의 이치를 궁구하고 타고난 본성을 다하면 천리에 도달할 수 있다는 주자학의 궁리진성窮理盡性은 인간이 본래 갖춘 불성을 깨우치면 부처가 될 수 있다는 불교의 견성성불見性成佛과 같은 것이고, 경건한 마음을 가지고 고요히 생각하여 이치를 깨닫는 주자학의 지경정좌持敬靜坐는 조용히 앉아 자기 안의 불성을 깨닫게 하는 불교의 좌선과 같은 것으로 여겼다.

하지만 에도 시대 초기 학자인 후지와라 세이카와 제자 하야시 라잔에 의해 불교에 일방적으로 의존하던 주자학이 독립하면서 유학이 발전할 기초가 마련되었다. 두 사람은 본래 승려였다가 주자학 공부를 계기로 환속한 인물이다. 당시는 불교적 내세 구원을 지향하게 만드는 중세적 우키요憂世(비참한 세상)에서 현세 중심적 삶을 유도하는 근세적 우키요浮世(향락적 세상)로 바뀌어가고 있었다. 사회는 기나긴 전란기를 마치고 질서와 안정을 희구했다. 이 때문에 지식인들은 자연히 주자학의 인륜적 질서와 현세적 안정에 이끌렸다.

물론 이러한 관심은 다분히 정치적이었다. 12세기 막부 정권이 들어서고 '천황은 군림하지만 통치하지 않는다'라는 원칙이 굳게 지켜진 이래 일본 역사를 주도한 것은 무사였다. 무사는 전쟁을 위해 존재하는 인간이었으므로 학문에는 별 관심을 갖지 않았다. 살육이 난무하던 전국 시대를 끝내고 세워진 에도 막부는 3세기 동안 태평 시대를 맞으면서 행정을 담당할 관료 집단이 필요했고, 학문하는 사람들을 요구했다. 따라서 에도 막부 창시자인 도쿠가와 이에야스는 막부 창업 이전부터 학문에 깊은 관심을 보였고, 무력으로 장악한 정권을 유지하기 위해 교학을 진흥해야 했다.

특히, 라잔은 "솔개가 하늘을 날고 물고기가 물속에서 팔딱거리는 그 속에 도가 있다. 생각건대 상하의 분수가 따로 정해져 있으니, 군주에게는 군주의 도가 있고, 아비에게는 아비의 도가 있다. 신하 된 자는 충성을 하고 자식 된 자는 효도를 해야 하듯이 각자의 존비귀천의 위계는 고금을 막론하고 변함이 없다"라고 했다. 그에 의해 주자학이 수용되었을 때 사람들은 주자학에서 말하는 리理를 상하 정분定分의 리, 즉 상하 간 신분 관계의 기초를 확립하는 이데올로기로 이해했다. 그 결과 일본의 주자학은 상하 차별을 공고히 하는 동시에 타고난 신분을 선천적인 것으로 이해하여 안주하게끔 만드는 일류 도덕적 성격을 갖게 되었다. 그리고 주자학의 춘추적 역사관에 따라 군신의 의義, 이른바 명분을 강조해 에도 막부의 정치적 정당성을 확고히 했다.[6]

에도 시대 실권도 없던 천황을 계속 인정한 가장 큰 이유가 바로 명분론이었다. 쇼군은 실제로 정치의 실권자이긴 하나 명분상으로는 조정의 일개 무관에 지나지 않았다. 이러한 자가 실권만 갖고 일본 국왕이 된다거나 천황의 자리에 앉는다면 도리에 맞지 않는 일이 된다. 비록 실권은 없지만 천황이 일개 쇼군인 도쿠가와 가문에게 천하 정치를 위임했다고 하는 편이 막부의 정당성 확보에 도움이 되었다. 상하 질서를 유지하는 데에도 필요했다. 그리하여 천황의 역할은 군주와 신하의 의리, 바꾸어 말해 명분 문제로만 본다면 단순히 자리에 있는 것만으로도 충분히 의미 있는 일이었다. 천황의 존재만으로 일본을 군자의 나라, 예악의 길이 바른 나라임을 입증할 수 있었다. 게다가 천황은 아마테라스 오미카미의 자손으로 일본인에게는 상징적 의미였다.[7] 그렇기에 라잔은 문집에서 천황의 상징 신기를 빼앗은 다카우지를 도적으로 표현하고 제갈량이 조조를 물리쳐 도적으로 삼은 데 빗대 다카우지를 물리쳐 명분을 회복해야 한다고 했던 것이다. 이는 일본 남북조 시대와 중국 삼국 시대를 연결한 예로, 에도 시대 유행한 남북조 시대 흥망성쇠를 그린 군기 소설 《다이헤이키太平記》와 《삼국지》의 연관성을 엿볼 수 있는 대목이다.

군기 소설 다이헤이키의 성행

에도 막부는 주자학의 춘추적 역사관을 통해 천황을 높임으로써 정치적 정당성을 확고히 했다. 이 영향 때문인지 대의와 명분의 강조는 물론 남북조 시대 상황과도 닮은 《삼국지》는 라잔의 독서 목록처럼 역사서로 읽히기에 충분했다. 하지만 이러한 책을 볼 수 있는 사람은 매우 제한되었기에 에도 시대 초기부터 주자학이 성행한 것은 아니었다. 게다가 에도 막부가 교학 정책을 폈다 해도 매우 형식적이었다. 오랫동안 학문과 거리가 멀었던 무사들은 태평 시대에도 끊임없이 전쟁을 준비했다. 라잔 문하에서 주자학을 배운 나카에 도주中江藤樹(1608~1648)는 "세간에서 '학문은 한문 서적을 읽거나 강석하는 유자나 불교의 출가자가 하는 일이지 무사가 할 짓은 아니며 학문을 좋아하는 사람은 연약하여 전투에 쓸모가 없다'고 하는 평판이 떠돌아, 무사

중에 학문하는 자가 있으면 오히려 비난했다"고 서술했다.[8] 그러나 취미의 하나로 뜻도 모른 채 사서 읽기를 배우는 사람이 늘면서 점차 학문이 보급되고 《다이헤이키》 같은 소설이 유행하게 되었다.

《다이헤이키》는 무로마치 시대 초기 승려와 무사 또는 귀족 집단이 만든 것이며, 주로 모노가타리物語 형태, 즉 비파 곡조에 맞추어 승려들이 이야기를 읊으며 퍼졌다. 이후 라잔이 살던 시대에 고활자본이 간행되었고, 《다이헤이키겐구쇼太平記賢愚抄》, 《다이헤이키쇼太平記抄》 등 주석서가 서민층에까지 유포되어 유행했다. 이 소설은 고다이고 천황의 가마쿠라 막부 토벌 계획에서 시작해 새 정권 겐무建武가 들어섰다 곧 멸망하고 이후 다카우지가 모반하여 천황을 내쫓고 무로마치 막부를 성립하기까지의 남북조 전란과 무사들의 흥망성쇠를 담고 있다. 중국 역대 고사나 설화는 물론 정사 『삼국지』의 고사를 많이 인용했으며, 정경이나 여정을 7·5조 기조로 하여, 전통 시 와카和歌 등을 섞어가며 기록한 것이 특징이다. 또한 실제로는 패한 남조 고다이고 천황을 주인공으로 삼고 승리한 다카우지를 적으로 그려 주자학적 명분론과 군신론을 그대로 드러냈다. 그래서 천황을 내세워 정치적 정당성을 확보하려던 에도 막부 시대, 주자학의 도입과 함께 성행한 것이다. 그 후 일세를 풍미한 전통 연극 가부키歌舞伎와 인형극 조루리淨瑠璃에도 많은 영향을 끼쳤고, 메이지 유신 이후에는 근대 천황제 정착이라는 시대 상황과 맞물려 충군애국 이념을 알리는 도구가 되기도 하였다.

이처럼 에도 시대 주자학은 신분제 질서를 다지기 위한 이념과 정치적 정당성을 공고히 하는 데 활용되었다. 주자학의 성행은 자연스레 고다이고 천황을 부각한 《다이헤이키》의 인기로 이어졌고, 에도 시대 초기 들어온 《삼국지》는 유행의 기틀을 마련했다.

6장

일본식
삼국지 출현과 무사도 정신

역사서로 인식되던 일본의 《삼국지》 변화는 남달랐다. 일본어로 번역된 뒤 화려하고 잔인한 장면을 묘사한 일본풍 그림이 삽입되기도 하고, 계몽과 교훈보다는 본능이나 욕망에 충실한 근세 소설로 탈바꿈하기도 했다. 이후 전통 인형극인 조루리로 공연되면서 무사적 충의를 강조해 막부의 이념을 선전하는 한편 일본풍이 더욱 고조된다.

그림으로 읽는 삼국지

─같은 장면, 다른 그림 11

한

화용도로 패주하는 조조

제갈량은 적벽대전에서 패한 조조가 화용도로 도망칠 것을 계산하고 관우를 보내 조조를 사로잡으라 명한다. 하지만 관우는 목숨을 구걸하는 조조를 의리로써 풀어주었다. 제갈량은 적벽대전의 승세를 타 남군성과 형주·양양까지 점령하고, 연이어 형주를 발판 삼아 영토를 넓혀나간다.

그림으로 읽는 삼국지

─같은 장면, 다른 그림 12

중

한수에서 크게 싸우는 조자룡

유비는 장송의 도움으로 서천에 관한 정보를 받아 정벌에 나서고, 한중 장로에게 몸을 의탁한 마초를 받아들이면서 형주에 이어 서천까지 손에 넣는다. 조조는 한중 장로를 쳐 한중을 차지하고, 동오에게서 조공까지 받게 되자 마침내 위왕의 작위를 얻는다. 이에 유비는 조조와 한중 쟁탈전을 벌이고, 조자룡은 한수에서 서황과 장합 등 조조의 군사를 크게 물리친다. 제갈량은 지혜를 써 한중을 차지하고, 유비는 한중왕에 즉위한다.

1

역사서에서
향락적 소설로

三
國
志

　에도 시대 들어 문학계의 가장 큰 변화는 대중 문학의 발달이다. 신
흥 상공업자 조닌이 사회적 힘을 가지면서 경제적 여유를 바탕으로
여흥을 즐기게 되었기 때문이다. 조닌이 문학 향유자로 떠오르면서
문학은 어느 특정 계층에 한정되지 않고 일반 서민에게까지 확대되었
다. 《삼국지》 일본어 번역본 《통속삼국지通俗三國志》는 이러한 변화 속
에서 출현했다. 《통속삼국지》는 일본 『국서총목록國書總目錄』에 따르
면 겐로쿠元祿 5년(1692) 출판된 책이 최고본最古本인데, 서문에 "겐로쿠
기사년 여름 고난분잔 쓰다〔元祿己巳孟夏湖南文山識〕"라고 적힌 것으로 미

루어 겐로쿠 2년(1689) 고난분잔이 번역하고, 1692년에 간행된 것으로 보인다.

무릇 역사에는 도가 담겨야 하므로

《통속삼국지》에는 고난분잔이 쓴 〈통속삼국지서通俗三國志序〉와 〈통속삼국지혹문通俗三國志或問〉이 있어 이 책의 번역 이유를 알 수 있다.

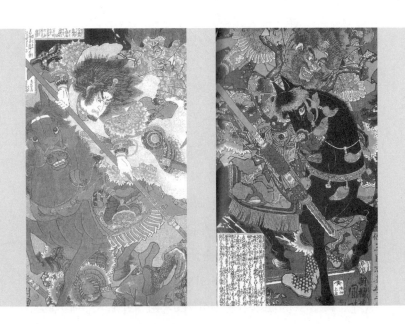

《통속삼국지》에 묘사된 여포와 장비

그는 서문에서 "역사란 도를 싣는 것으로 후세의 거울이다. 군신의 선악과 정사의 득실, 나라의 치란과 인재의 옳고 그름을 한결같이 기록해두지 않으면 안 된다. 무릇 역사를 읽는 사람은 충이 나오는 곳을 읽으면 곧 자신의 충과 불충을 생각하고, 효가 나오는 곳을 읽으면 곧 자신의 효와 불효를 생각한다. 권면하고 징계하고 경계하고 두려워하는 마음을 잊지 않게 해주니 수신의 요체가 어찌 밖에 있을 수 있겠는가?"라면서 역사가 지닌 교훈성으로 자신의 역사관을 피력하였다.[1]

이어 후한의 혼란한 상황을 묘사한 뒤 유비가 몸소 탁군에서 일어나 도원결의하고 삼고초려해 대업을 이루어 한나라를 천하에 알린 일을 높이고, 유선이 덕을 잃고 망령되이 충을 훼손하여 마침내 포로가 되어 사직을 그만둔 것을 애석해하면서 다음과 같이 《통속삼국지》를 옮긴 이유를 밝혔다.

내가 매번 역사를 읽으면서 일찍이 이 부분에서 탄식하고 분하게 여기지 않은 적이 없었다. 하물며 삼국의 인재들이 많은데, 후세에 이르러 전해짐이 드무니 그 참과 거짓, 굽고 곧은 것은 백, 천 년 뒤 사람이 드러내 보일 것이다. 그런 까닭으로 한가한 날에 동원 나관중의 《삼국지통속연의》를 본뜨고, 진수의 『삼국지』를 참고해 글의 뜻을 강연하여 50권으로 나누고 제목을 《통속삼국지》라 하였다.[2]

《통속삼국지》는 바로 고난분잔의 이러한 역사의식에서 만들어졌

다. 그는 혹문에서 "관우가 임저臨沮에서 죽은 후 왕왕 신으로 드러나
는데, 이는 괴이한 일로 무서운 망언일 것이다"라고 했다. 그다음 조
선 중기 학자 유성룡柳成龍(1542~1607)이 쓴 「기관왕묘記關王廟」 전문을 인
용하고 다시 "이것으로 볼 때 신으로 드러내는 것은 무언가 괴이한 일
일 것이다"라고 썼다.[3] 유성룡의 글은 아래 인용문처럼 임진왜란 때
관우의 혼령이 나타나 때때로 명나라 군사를 도왔다는 설에 따라 만
들어진 관왕묘에 대한 기록이다.

> 만력 임진년에 우리나라가 왜적의 침범을 받아 거의 망하려는 차에
> 중국이 군병을 발동하여 6, 7년을 도왔으나 끝나지 않았다. 정유년
> 에 명장이 모든 군영을 합하여 울산에 웅거한 적을 공격하였으나 불
> 리하여 무술년 정월 4일에 물러났다. 그중에 유격장군 진인이 있었
> 는데 힘써 싸우는 도중에 적의 탄환을 맞고 서울에 돌아와 병을 조
> 리하였다. 그는 임시 거처가 있던 숭례문 밖 산기슭에 묘당 한 채를
> 창건하고 가운데 관왕과 여러 장수의 신상을 봉안하였다. 명나라 장
> 수 양호 등이 은냥을 갹출하여 비용을 돕고, 우리나라도 은냥으로
> 도와 묘를 완성시켰다. 주상께서도 몸소 그곳에 가보실 때에 내가
> 비변사와 여러 막료와 더불어 수행하여 묘정에 나가 그 상에 두 번
> 절하였다. 상은 흙으로 만들었는데 얼굴의 붉기가 잘 익은 대추와
> 같았다. 봉황의 눈에다 수염을 길게 드리웠는데 배 밑까지 닿고, 좌
> 우에 흙으로 만든 상 두 개는 큰 칼을 집고 서서 모시고 있는데 관평

과 주창이라고 하며, 의젓하고 점잖은 것이 마치 살아 있는 것 같았다. 이로부터 모든 장수가 출입할 때마다 참배하며 우리 동국을 위하여 신조神助를 내리셔서 적을 전부 물리쳐달라고 빌었다.[4]

게다가 유성룡은 "관왕묘는 서울은 물론 안동과 성주 등에도 세워졌는데 매년 5월 13일 관우의 생일에 크게 제사를 지냈으며 이때 만약 우레와 바람의 이변이 있으면 관우의 혼령이 내린 징조라 하였다. 그런데 왜나라 추장 히데요시가 죽자 모든 왜군이 다 귀환하였으니 이역시 이치로써는 측량하기 어려운 일이지만 어찌 우연한 일이라고만 하겠는가?"라며 관우의 신조임을 암시하였다.

그러나 역사란 도가 실려야 한다는 재도론적 역사관을 가진 고난분잔에게 역사 인물을 신격화하는 일은 허황될 수밖에 없었다. 이러한 신념이 역사 인식에는 합당할 수 있으나 문제는 소설에까지 적용했다는 것이다. 그는 《삼국지》를 본뜨고 진수의 『삼국지』를 참고해 《통속삼국지》를 만들었다고 하였다. 아마 이 책을 소설이 아닌 역사서로 만들고자 했던 것은 아닐까 생각한다. 사실 《통속삼국지》에 대한 이러한 인식은 '겐로쿠 5년간 간행된 서적 목록'에서도 확인할 수 있다. 여기에는 《통속삼국지》와 정사 『삼국지』가 나란히 자리하며, 다른 역사 관련 텍스트도 적혀 있다. 이는 라잔이 그랬던 것처럼 《삼국지》 혹은 이를 번역한 《통속삼국지》를 역사서로 취급했음을 보여준다.

완결성을 높이고 각색하다

　고난분잔이 어떤 사람인지 정확히 알 수 없지만 『일본고전문학대
사전』에 의하면 선승 의철義轍과 월당月堂 형제의 공동 이름이라 한다.
또한 다나카 다이칸田中大觀이 쓴 『다이칸수필大觀隨筆』에는 "근세 일본
어로 된《통속삼국지》가 있는데 대개 나관중의 연의를 일본어로 번역
한 것이다. 교토 천룡사 선승 의철이 지은 것으로 의철의 자字는 알 수
없고, 철장주轍藏主라 불렀다. 지장원地藏院 장로의 제자로 그 동생 또한
선승이 되었는데 자는 월명이며 이름은 알 수 없다. 이 책의 번역은 의
철이 시작했으나 완성하지 못하고 죽자 동생 월당이 이어 완성하여
마침내 판각하였다. 모두 월당이 손수하였다"라고 나온다.[5] 그리고
당시《삼국지》,《수호전》,《서유기》를 언급하면서 모두 중국어〔白話〕로
전해진 지 오래되었으나 읽을 수 있는 사람이 적었다면서《삼국지》
번역 이유를 밝혔다.《수호전》과《서유기》를 일본어로 옮기는 일 역
시《통속삼국지》의 성행에 힘입어 이루어졌다.
　《통속삼국지》는《이탁오평본》을 저본으로 원문을 충실히 번역했
다. 쉽고 세련된 일본어를 사용했으며 때때로 원문보다 더 자세히 기
록하고, 진수의 『삼국지』를 참고하면서 구체성을 더하였다. 그리고
《이탁오평본》에 있는 인물 목록 〈삼국지종료성씨三國志宗寮姓氏〉와《삼
국지》를 읽고 궁금한 점을 각 인물에게 묻고 답한 〈독삼국사답문讀三
國史答問〉을 본떠 〈통속삼국지성씨通俗三國志姓氏〉와 〈통속삼국지혹문〉

을 삽입해 번역 이유와 더불어 자신의 역사 인식도 설명했다. 게다가 이야기 공연에서 만들어진 《삼국지》의 특성상 회를 나누고 매회 끝에 "뒷일이 어찌 되었는지 알고 싶으면, 다음 회를 나누어 또 들어보시라"와 같은 상투적 표현은 없애고 뒤에 이어지는 이야기와 연결해 한 회를 완성했다. 이 또한 정사 『삼국지』처럼 흥미보다는 완결성을 높여 오락서가 아닌 교양서로서 역할을 하려던 것이라 생각한다.

한편 《통속삼국지》의 표현 중 상당수는 이 시대 유행한 《다이헤이키》를 비롯한 군기 소설에서 영향받은 듯하다. 예컨대, 《이탁오평본》 제85회 '조비가 다섯 방면으로 서천에 공략하다'에서 "지금 촉·위·오나라가 세발솥과 같이 삼국으로 나뉘어 촉이 주체가 되어 대한大漢을 이루었도다"라는 문장을 《통속삼국지》에서는 "지금 천하가 삼분되어 세발솥과 같이 우뚝 솟아 촉이 이내 한나라의 정통이 되었다"로 옮겼다. 그런데 이 번역은 《다이헤이키》에서 정사 『삼국지』의 고사를 인용한 "하물며 한나라가 기울어진 후 오·위·촉 세 나라가 세발솥처럼 우뚝 솟은 것과 같다"와 매우 닮았다.

그리고 《이탁오평본》 제118회 '촉나라 후주는 관을 싣는 수레를 타고 항복을 한다'에서 후주가 성도까지 쳐들어온 위나라 장군 등애에게 항복하자 "이날 한나라가 망했다"라고만 된 부분을 《통속삼국지》는 여기에 만족하지 않고 "아! 이날을 어찌할꼬? 염흥 원년 12월 1일, 한조 400년의 천하가 망해 위나라가 되니 나라를 빼앗긴 일이 허망하도다"라고 써 비탄함을 더했다. 이 경우도 《다이헤이키》 권10에서 다카우지가 고다이고 천황을 도와 호조씨를 멸망시키자 "아! 이날은 어떤 날인가? 겐코元弘 3년 5월 22일 다이라 가문平家이 9대 동안 번창했다가 일시에 멸망하니, 미나모토씨가 여러 해 동안 숨죽여 품은 마음을 하루아침에 드러낼 일을 얻었구나"라고 한 것과 유사하다.[6] 이처럼 《다이헤이키》의 표현을 인용하거나 《삼국지》의 회 구분을 변경하여 《다이헤이키》와 문장 단락을 비슷하게 했다. 또한 정사 『삼국지』와 당시 유행하던 군기 소설을 참고해 소설 이상의 책을 만들었다. 이로써 《통속삼국지》는 일본판 《삼국지》로 재탄생하게 되었다.

400여 장 그림과 함께 점점 더 일본풍으로

《통속삼국지》의 출현에는 에도 시대 초 화각본 『삼국지』 같은 역사서 편찬에 높은 관심과 《다이헤이키》 같은 군기 소설의 성행, 일본 남북조와 삼국 시대의 유사성 등이 주원인으로 작용했다. 이후 덴포天保 7년(1836)부터 덴포 12년(1841) 사이에 유명 화가 가쓰시카 호쿠사이葛飾北齋의 제자 가쓰시카 다이토葛飾戴斗가 그린 400여 장 그림을 붙인 《회본통속삼국지繪本通俗三國志》가 출판되면서 엄청난 인기를 누렸다. 다음 도판에서 볼 수 있듯이 이 책에는 일본풍을 한층 가미했고, 화려하면서도 잔인한 장면을 리얼하게 보여주어 상업성을 더했다.

물론 《회본통속삼국지》 이전에도 《통속삼국지》의 영향을 받아 현세적·향락적 세상을 사는 인간을 예리하게 포착한 소설 우키요조시

《회본통속삼국지》

'유안이 유비에게 처를 대접하다'와 '동탁이 포로 수백 명을 죽이다'

浮世草子《풍류삼국지風流三國志》(1708), 노란 표지에 해학을 담은 소설 기뵤시黃表紙《통속삼국지》(1788), 두루마리 그림으로 만든 《세화자철삼국지世話字綴三國志》(1804) 등 많은 이본이 존재했다. 『정조실록』에 정조 21년(1797) 6월 기사에 제주도에 표류한 류큐琉球 사람들에 대한 기록이 있는데 소지품에《통속삼국지》가 있었다 하니 널리 퍼졌던 듯하다.[7]

이들 우키요조시나 기뵤시 등 근세 소설로 탈바꿈한《삼국지》는 상업성이 강해 자연스레 일본풍을 가미할 수밖에 없었다. 근세 초기 소설 가나조시仮名草子가 계몽 또는 교훈적 읽을거리인 반면, 우키요조시와 기뵤시는 조닌의 호색 생활을 그대로 보여주었다. 따라서 서민적이고 사실적이며 현실적 경향을 띠었다. 중세 무사가 계속된 전란으로 부귀영화나 목숨을 허무하다고 느껴 세상을 우키요憂世라 탄식한 데 비해 근세 조닌은 모든 것이 덧없고 영원하지 않은 세상을 우키요浮世라 여기며 저세상 극락왕생을 꿈꾸지 말고 오히려 현세를 즐기자는 자세를 취했다. 따라서 계몽이나 교훈이 아니라 본능이나 욕망에 충실한 소설이 생겨났고, 다양한《삼국지》이본도 향락적·현세적 내용이 첨가되면서 점점 더 일본화되었다.

2

무사도 정신으로
무장하다

三
國
志

《통속삼국지》는 근세 소설로 만들어진 것 외에도 일본 전통 연극 가부키로 공연되면서 일본풍이 한껏 고조되었다. 가부키의 대표적 공연 목록을 모은 '가부키 18번'에는 〈관우〉라는 공연이 있는데, 일본의 역사 인물 다이라노 가케키요平景淸를 주인공으로 삼고, 여기에 등장 인물을 관우나 장비로 가장하여 만든 것이다.[8] 이는 당시 유행하던 《삼국지》의 주인공을 통해 가부키의 상업성을 더한 것으로 이러한 작품들이 에도인에게 많은 인기를 끌었음을 알 수 있다.

인형극으로 변주하여 대흥행

가면극인 노能, 가부키와 함께 일본 3대 전통극 중 하나로 근세 초 성립한 서민용 인형극 조루리 또한《삼국지》가 일본풍을 입는 데 일조했다. 이 인형극은 중세부터 내려온 서사 노래 조루리에 재래 인형극을 시각 요소로 더하고, 16세기 후반 류큐에서 전래된 샤미센三味線을 반주악기로 삼아, 조루리·인형·샤미센 세 가지가 하나로 어우러져 성립되었다. 17세기 중반 고조루리古淨瑠璃가 융성기를 지나 겐로쿠 시기 조루리를 부르는 다케모토 기다유竹本義太夫와 극작가 지카마쓰 몬자에몬近松門左衛門의 제휴로 본격 발전했다.

특히 오사카에서 인형극 조루리를 공연하는 다케모토좌竹本座를 일으키고 대가 굵은 샤미센을 이용해 기다유부시義太夫節 가락을 창안한 다케모토가 1714년에 죽자, 다케모토좌는 급속히 쇠락했다. 이때 지카마쓰는 다케모토의 후계자를 위해 대표적 시대 조루리〈고쿠센야갓센國性爺合戰〉을 창작했다. 이 작품은 1715년부터 햇수로 3년 17개월 연속 상연 장기 흥행 기록을 세우고, 곧장 가부키로 만들어졌으며, 우키요조시와 인물 간 대화로 이루어진 문장 중심 소설 요미혼讀本 등 문학 작품으로 나와 대유행한다.

지카마쓰에게 불후의 명성을 안긴〈고쿠센야갓센〉은 명·청 교체기에 활동한 명나라 군인 겸 정치가 주성공朱成功 혹은 정성공鄭成功이라 부르는 실존 인물의 활약상을 각색한 것이다. 주성공의 아버지 정지용鄭芝龍은 상선을 타고 무역에 종사하다가 나가사키 히라도平戶 섬에서 마쓰우라씨의 하급 가신 다가와 시치자에몬田川七左衛門의 딸과 결혼해 후쿠마쓰福松를 낳는다. 이 아이는 커서 청나라와 싸운 공으로 나라에서 성을 받아 주성공이 된다. 극 내용 또한 중국인 장수 아버지와 일본인 어머니 사이에 태어난 주인공 와토나이和藤內가 중국에 건너가 고쿠센야國性爺가 되어 명나라 장수 감휘와 힘을 합쳐 명나라를 점령한 달단국韃靼國을 물리치는 이야기다.

지카마쓰는 이 작품이 대흥행하자 바로 〈고쿠센야고지쓰갓센國性爺後日合戰〉을 만들어 1717년 2월 다케모토좌에서 공연한다. 제목 그대로 후일담으로 고쿠센야 정성공과 감휘가 새 황제 영력제를 옹립하여 명나라의 평화를 지속하는 데에서 시작한다. 하지만 정성공은 석문용에게 무고당하고 감휘와도 의견이 맞지 않자 처자를 이끌고 대만으로 물러나 명나라가 다시 평화로워지기를 기다리기로 한다. 이때 석문용은 달단국과 내통하여 명나라를 뒤엎고, 감휘는 영력제를 모시고 정성공이 미리 쌓아 올린 동녕성으로 피한다. 정성공은 자경금사子経錦舍와 만례万礼 등과 힘을 합쳐 적을 물리치고 달단국 왕을 생포하는 이야기로 끝난다.

그런데 지카마쓰는 후속편을 만들면서 전편의 인기를 재현하기 위해 당시 성행한 《삼국지》의 명장면을 활용해 재미를 한층 더했다. 감휘가 영력제를 데리고 탈주하는 장면에서 지카마쓰는 《모종강평본》 제4회 '한제를 폐위하여 진류왕을 황제로 삼고, 조맹덕은 역적

동탁을 죽이려다가 칼을 바치다'에 조조가 여백사를 죽이는 장면을
삽입한다.

> 감휘는 영력제를 모시고 탈주하는 도중, 숙부 진지표의 집에서 묵게
> 된다. 황제를 모시게 된 지표는 양을 잡아 요리하도록 집안사람들에
> 게 말해두고, 술을 구하러 집을 나선다. 집에 남게 된 감휘는 대접하
> 기 위해 양을 잡는 말과 행동을 모르고 자신들이 죽게 될까 의심해
> 지표의 아내를 죽이고, 며느리 란옥을 골짜기로 밀어 떨어뜨리고는
> 황제를 모시고 떠난다. 도중 술을 구해 돌아오는 지표를 만나지만
> 그도 죽이고 도망간다.[9]

이 일화는 조조가 왕윤에게 칠보도를 빌려 동탁에게 바치는 척하다
가 동탁을 찔러 죽일 계획을 세우지만 발각돼 쫓기는 신세가 되고, 우
연히 만난 진궁陳宮의 도움으로 고비를 넘기고 함께 길을 떠나다가 아
버지와 의형제인 여백사의 집에 묵게 된 장면을 그대로 차용해온 것
이다.

> 여백사는 조조와 진궁을 대접하기 위해 집안사람들에게 돼지를 잡
> 으라고 시키고, 술을 사러 집을 나선다. 하지만 조조와 진궁은 집 뒤
> 에서 칼 가는 소리를 듣고 수상히 여겨 숨어서 집 안의 동정을 살핀
> 다. 집안사람들이 돼지를 잡기 위해 한 말을 듣고 자신들을 죽이는

것으로 오해한 조조는 집안사람들을 모조리 죽이고 진궁과 함께 떠난다. 도중 술과 과일 등을 사서 돌아오는 여백사를 만나지만 조조는 여백사도 죽이고 도망간다.[10]

두 이야기는 요리 재료가 돼지와 양이라는 차이만 있을 뿐, 완전히 동일하다. 하지만 지카마쓰 작품에는 《삼국지》에서 볼 수 없는 충이 발견되는 점이 특이하다. 이 장면은 보통 조조의 잔혹함을 극단적으로 묘사해 그가 악인이라는 인상을 독자에게 심고, 상대적으로 유비의 선함을 강조하여 촉한 정통주의를 공고히 하는 장치로 쓰였다. 그런데 〈고쿠센야고지쓰갓센〉에서는 영력제를 모시는 감휘의 행동이 지나치긴 하나 황제를 보호하기 위한 충에서 나왔음을 강조한다. 《삼국지》를 읽은 독자가 바라보는 조조와는 분명 다른 것이다.

지카마쓰는 감휘가 살려달라 매달리는 란옥을 계곡으로 걷어차면서 "너는 내 사촌 아내라 죽이는 것이 편치 않지만 임금에 대한 충을 줄일 수 없다"라고 말하는 장면을 삽입하고, 지표를 죽이면서도 "살려두면 나의 임금에게 후일 적을 부를 것이다"라고 말하는 장면을 덧붙여 임금을 위한 충을 드러낸다. 게다가 지카마쓰는 지표가 죽기 직전 운명을 한탄하며 감휘에게 달단국과 내통한 사실을 밝히고 참회하며 충으로는 부모도, 가로막는 숙부도 죽이는 것이 신하의 도라고 격려하는 장면을 두어, 감휘의 행동에 정당성까지 부여한다. 이렇듯 그는 《삼국지》를 개작해 주군을 위해서라면 가족도 친구도 죽일 수 있는 충을 강조한다.

또한 적장 아극장阿克將이 감휘에게 몰려 막다른 지경에 다다르자 우선 관복을 벗어던져 도망하고, 다음은 수염을 베어 흐트러뜨리고, 그다음엔 붉은 얼굴에 진흙을 바르고 내빼는 장면을 넣어 재미를 더한다. 그런데 이 또한 《모종강평본》 제58회 '마초는 군사를 일으켜 원한을 씻으려 하고, 조조는 수염을 자르고 전포를 벗어 도망치다'에서 조조가 마초에게 쫓기는 장면과 매우 유사하다. 조조에게 살인당한 마등의 원수를 갚기 위해 아들 마초는 서량의 군사를 일으켜 동관에서 조조와 접전을 벌인다. 연전연승한 마초가 조조의 장수인 우금, 장합 등을 연달아 물리치자 조조는 마초와 서량군의 공격을 감당치 못하고 달아나며 다음같이 행동한다.

서량군이,
"붉은 전포를 입은 놈이 조조다. 사로잡아라!"라고 고함을 치자,
조조는 말 위에서 급히 붉은 전포를 벗어버린다.
서량군이 또,
"수염 긴 놈이 조조다. 잡아라!"라고 외치자,
조조는 크게 놀라 황급히 칼로 자기 수염을 싹둑 잘라버린다.
그리고 이번에는,
"수염 짧은 놈이 조조란다. 속히 잡아라"라고 외치자,
조조는 기를 찢어 턱을 싸매고 정신없이 달아난다.[11]

에도 시대 가부키 극장. 1858년 에도 이치무라좌에서 상연된 〈시바라쿠〉

조조를 희화함은 물론 그를 겁쟁이로 만들어 유비 혹은 촉한의 용
감함을 상대적으로 강조한다. 역시 정통론을 위해서다. 지카마쓰 또
한 적장 아극장을 겁쟁이로 그려 감휘의 용감함을 부각하고, 덧붙여
황제를 위협하는 아극장을 죽여 충을 나타낸다.

지카마쓰는 이외에도 〈신슈카와나카지마갓센信州川中島合戰〉에서 삼
고초려와 서서 어머니 이야기를, 〈도센바나시이마고쿠센야唐船噺今國性
爺〉에서 도원결의 등《삼국지》주요 장면을 적절히 사용하여 조루리

의 재미와 충 이념을 드러냈다. 지카마쓰의《삼국지》차용은 일본풍이 가미된《통속삼국지》유행과 인형극 조루리의 상업적 특성에서 생겨난 오락성에서 기인한다. 여기에 무사적 충의를 얹은 것은 에도 시대 막부 정권의 자연스러운 현상일 수 있다. 그러나 당시 가부키나 조루리의 관객이 물질적으로 여유로운 조닌을 비롯한 서민이었음을 고려할 때, 막부 정권이 엄격한 신분질서를 단단하고 굳게 하려는 의도를 띠었다는 점도 배제할 수 없다.

세련되고 자연스럽게

1724년 7월 다케모토좌에서 조루리 3대 걸작 중 하나인 〈가나데혼주신구라假名手本忠臣藏〉 작가로 알려진 다케다 이즈모竹田出雲의 〈쇼카쓰코메이카나에군담諸葛孔明鼎軍談〉이 상영되었다. 이 작품은 지카마쓰의 작품과는 다르게 전체가《삼국지》의 등장인물과 내용으로 구성되었다. 물론 다음의 대강 줄거리에서 알 수 있듯이 이야기 전개는《삼국지》와 전혀 다르지만 기본 에피소드는《삼국지》를 차용하고 있다.

1단 — 유비와 조조는 황건 일당 장각의 머리를 조정에 바친 뒤, 그 머리의 진위를 둘러싸고 싸운다. 황제는 유비가 황후와 비밀리에 통한다는 환관 건석의 거짓말을 믿고 유비인 체 꾸며 황후의 침실에 들어간다. 황후는 몰래 들어온 것이 황제인지 눈치채지 못하고 정조가 군은 여자의 마음을 보이려 황제를 살해한다. 이 기회를 탄 건석은 황후를 죽이고 옥쇄를 빼앗아 조조에게 준다. 옥쇄를 받은 조조는 국호를 대위大魏라 고치고 유비를 신하로 삼기 위해 맹세의 잔을 건넨다. 그때 황후의 시체에서 이상한 기운이 발하여 소란이 일자 유비는 무서워하는 체하며 일부러 잔을 떨어뜨려 조조의 경계심을 풀고 도망간다.

2단－유비의 부인 감부인과 관우는 하비성下邳城에서 조조의 군대에 둘러싸인다. 관우 동생 관량關良은 싸우자 주장하지만 관우는 군의 책략을 바둑에 비유하며 반대한다. 이때 관우의 옛 친구 문원文遠이 와 도원결의를 생각해 헛되이 죽지 말라 당부하며 투항을 권한다. 관우는 이에 따라 행방불명된 유비의 소식을 알게 되면 곧바로 떠날 것을 조건으로 항복한다. 그리고 조조에게 충을 보이기 위해 항복에 반대한 관량을 죽인다. 감단邯鄲에서 창을 파는 언니 김사연金糸蓮과 갑옷과 투구를 파는 동생 옥부용玉芙蓉은 각자 자신이 파는 무기를 자랑하며 싸운다. 두 자매의 남편은 각각 사마의와 제갈량이다.

3단－유비의 행방을 안 관우는 조조의 두터운 은혜에 감사하며 떠난다. 조조는 관우를 떠나보내지만 세 관문을 막아 관우의 길을 방해한다. 관우는 감부인과 관문을 넘는 도중 호반령胡班玲의 처 원씨園氏와 양녀 란사蘭奢를 만난다. 호반령은 영양관塋陽關에 근무하는 장수로 관우 일행을 죽이라는 명을 받았다. 하지만 그는 과거 유비에게 도움을 받은 적이 있기에 따를 수 없었다. 이 사실을 안 란사는 버려진 자신을 길러준 아버지에게 은혜를 갚기 위해 감부인으로 변장해 양부에게 살해당할 각오를 한다. 호반령은 감부인으로 변장한 란사를 차마 해할 수 없었다. 하지만 호반령의 상사인 왕식王植은 주군 조조에게 충성을 다하려 친딸인 란사를 죽이려 한다. 이때 왕식의 처이자 란사를 버린 취양비醉楊妣가 나타나 잘못을 사죄하고자 란사 대신 죽는다. 이러저러한 일들을 겪으며 관우 일행은 무사히 관문을 넘는다.

4단―관우는 관문을 넘어 위기에서 유비의 자식을 구하지만 유비는 구출된 아들을 나무라며 하마터면 자식 때문에 관우를 잃을 뻔했다고 꾸짖는다. 김사연과 옥부용의 아버지는 책략가로 이름난 사마휘다. 두 딸은 아버지가 각자의 남편인 사마의와 제갈량이 모시는 조조와 유비 중 하나를 택해 도움 줄 것을 요구하며 서로 싸운다. 싸움을 말리려 사마휘는 자기 눈을 도려내 딸들에게 던진다. 이로 인해 사마휘는 조조와 유비 모두에게 도움을 줄 수 있게 되었고, 딸들은 남편이 모시는 주군에 대한 충을 완수한다.

5단―조조와 유비는 격렬하게 대립하지만 오의 손견이 두 사람에게 화해를 권한다. 그러자 제갈량은 하나라 우왕의 솥에 다리 세

개가 지智·인仁·용勇 삼덕을 나타낸다는 고사를 보여주고 천하를 삼분하자고 제안한다. 이로써 손견은 무열황제武烈皇帝, 조조는 무덕황제武德皇帝, 유비는 소열황제昭烈皇帝라 칭하고 천하를 삼국으로 나눈다.[12]

《삼국지》와 비교해 주요 내용을 살펴보면 1단에서는 《모종강평본》 제21회 '조조는 술을 데우며 영웅을 논하고 관운장은 계책을 써서 차주를 참하여 성을 탈환하다'를 차용했지만, 장각의 머리를 두고 다투거나 황후가 황제를 죽이는 것은 모두 새롭게 만들어진 것이다. 2단은 《모종강평본》 제25회 '관운장은 흙산에 주둔하여 세 가지 조건을 내세우고 백마 현에서 조조를 도와 싸움을 풀어주다'를 응용하지만 김사연과 옥부용의 등장은 없던 것이다. 3단은 《모종강평본》 제27회 '미염공은 필마단기로 천 리를 달리며 한수정후는 다섯 관문에서 장수 여섯을 참하다'에서 끌어왔지만 호반령, 란사, 취양비 등 새 인물과 자식을 위해 죽는 어머니의 이야기를 넣어 전혀 다르게 만들었다. 4단은 《모종강평본》 제41회 '유현덕은 백성을 거느리고 강물을 건너고, 조자룡은 혼자서 아두를 구출하다' 중에서 조자룡을 관우로 바꾸고 앞서 등장한 감단에서의 자매를 등장시켜 매우 독특하게 각색했다. 5단은 작품 제목 그대로 세발솥처럼 나뉜 천하삼분 이야기로 끝난다.

이 중 일본 《삼국지》에서 독특하게 부각되는 충을 살펴보면, 우선 관우가 조조에게 항복하는 장면에서 작가 다케다 이즈모는 《삼국지》

에는 나오지 않는 관우 동생 관량을 등장시킨다. 이때 관우가 동생 관량을 죽이며 "의를 생각하면 죽는 것도 충이요, 사는 것도 충이다"라고 말하는 장면이 있는데, 여기서 작가는 의를 전제하여 죽이고 죽는 쪽 모두의 충을 강조한다. 이 작품을 연구한 대만 원지대학元智大學 양온한梁蘊嫺 교수는 관량은 죽음으로써 유비에 충을 지켰고, 관우는 비록 임시로 맺은 주종 관계지만 동생을 죽임으로써 조조에게 충을 보였다고 하였다.[13] 이것이 이른바 '무사적 충의'라는 것이다.

하지만 관우 또한 동생 관량처럼 유비를 향한 충을 위해 동생을 참한 듯하다. 그는 혼자서 조조에게 항복한 것이 아니라 주군인 유비의 가족과 함께였기에 관량처럼 섣불리 조조와 맞서 싸울 수 없었다. 물론 감부인 또한 조조에게 항복하느니 차라리 죽겠다며 자식과 함께 자결을 시도하지만 주군을 모시는 관우의 입장에서는 그렇게 죽으면 안 되는 무언가가 있었다. 그것은 항복에 반대하는 동생을 죽여서라도 유비의 가족을 무사히 구하는 것이었고, 관우의 입장에서는 이것이 자신이 따르는 주군에 대한 충을 드러내는 방법이었다.

그리고 관우 일행을 죽이라는 명을 받고 왕식이 감부인으로 변한 란사를 죽이려는 행위 또한 주군을 위한 충이었다. 이때 란사는 죽음으로 양아버지 호반량에게 은혜를 갚으려 했고, 취양비는 친딸 란사 대신 죽어 사죄했다. 그리고 왕식은 자기 처 취양비를 죽이는 것으로써 조조를 향한 충을 드러냈다. 이 이야기에는 이처럼 충뿐 아니라 부모 자식 간 은애恩愛도 담겼는데, 이는 상업적 조루리의 대중성과 오락성 때문이다. 조루리 연구가 우치야마 미키코內山美樹子는 충·효·정녀貞女·의리라는 유교적 도덕 개념을 수행하는 영웅적 주인공을 묘사하는 것이 다케다 이즈모가 속한 다케모토좌의 특징이라고 했다.[14]

게다가 사마휘의 두 딸이 각자의 남편이 모시는 주군을 위해 싸운다는 이야기에서도 충이 드러난다. 사마의는 장인 사마휘에게 선물을 주며 조조 섬기기를 요청하지만 받아들여지지 않는다. 제갈량은 옥부용과 이혼하고 처를 사마휘에게 보내 유비 섬기기를 부탁한다. 이에 사마휘는 사위에게 의지하여 정계에 들어가선 안 되는데, 이제 제갈량이 남이 되었으니 유비를 섬길 수 있겠다며 승낙한다. 이 일을 알게된 김사연은 사마의와 이혼하고 아버지를 찾아가 조조 따르기를 다시간청한다. 남편들은 주군을 위해 이혼을 불사하고, 자매 역시 남편과 남편의 주군을 위해 서로 싸움을 벌인다. 사마휘는 이를 멈추기 위해두 눈을 뽑아 던지니, 이 작품 안에는 충·은애·정녀 등 유교적 도덕개념들이 모두 든 셈이다.

그런데 이 개념들 중에서도 가장 우위에 충이 자리한다는 점은 특이하다. 다케다 이즈모는《삼국지》를 소재로 완전히 새로운 일본풍 이야기를 창작했다. 그리고 조루리를 공연하는 다케모토좌 특징을 고스란히 담아 상업성과 함께 막부 정권의 지배 이데올로기를 설파했다. 이처럼 조루리뿐 아니라 에도 시대 서민 문학에는 충을 중심으로 한 유교적 도덕 개념을 강조하는 이야기가 많았다. 특히 그가 만든 〈가나데혼주신구라〉가 가부키로 만들어지면서 주군을 위해 목숨을 건 복수가 충으로 선전되었다. 이는 곧 막부 정권에 힘을 싣는 일인 동시에 일본 문화에 무사적 충의가 자연스럽게 녹아드는 계기가 되었다.

무사적 충의란 무엇인가

무사적 충의란 오랜 전란 속 만들어진 무사 간 의리에서 비롯된 정신으로 유가의 충과는 차이가 있다. 유가적 충忠은 글자 그대로 마음〔心〕을 오로지하는〔中〕 것으로, 국가의 보호에 보답하려는 차원이라기보다 자기 마음 씀에서 자발적으로 나온다. 그러나 무사적 충의는 의무에 가깝다. 다시 말해 주군이 영지나 봉록을 주었으니 응당 목숨을 바치겠다는 일종의 계약이다. 무사武士는 대토지를 소유한 영주가 토지와 농민을 지키기 위해 고용한 무인 즉, 모노노후もののふ에서 기원한다. 또한 무사를 흔히 사무라이さむらい라고도 하는데, 이 말은 모실시侍의 일본어 발음이다. 다시 말해 윗사람을 옆에서 모시는 자를 뜻한다. 따라서 이들에게 충이란 나름의 계약관계에서 발생한 은혜에 대한 보답이며, 주군에 대한 의리인 것이다.

무사는 일반인과 다르게 묘지苗字라 해서 이름에 성姓을 가질 수 있었고, 다이토帶刀라 해서 도검을 차고 다닐 수 있었다. 밖에 나갈 때는 왼편 허리에 길고 짧은 도검 한 쌍을 찼는데 긴 도검은 가타나刀라 하고 짧은 도검은 와키자시脇差라 한다. 죽고 죽이는 시대 자신과 가족을 보호하기 위해 무사는 집 안에서도 와키자시를 항상 지니고 생활했고, 칼을 차고 다니는 것 자체가 무사의 상징이었다. 그리고 기리스테 고멘切捨御免이라 하여 일반인이 무사에게 무례를 범했을 때 무사가 그를 살해해도 처벌받지 않는다는 아주 강력한 특권이 주어졌다.

하지만 특권만큼 그것을 누리는 자로서 따라야 할 것이 있었다. 무사도에 어긋나지 않는 무사로서의 생활 규범을 엄격히 지켜야 했으며 사치스러운 생활도 금지되었다. 가장 중요한 덕목은 충이었다. 주군에게 충성을 서약하는 순간 무사의 목숨은 주군의 손에 맡겨졌을 정도로 주군은 절대적 충의 대상이었다.

〈가나데혼주신구라〉의 모델이 된 실화 아코 기시赤穗義士들의 복수는 에도 시대 무사적 충의를 보여주는 대표적 사건이다. 1701년 3월 14일 천황의 칙사를 접대하던 아코번赤穗藩 영주 아사노 나가노리淺野長矩는 관료 기라 요시나카吉良義央가 의전 문제를 트집 잡아 자신을 모욕하자 그에게 칼을 휘둘러 상처를 입혔다. 이 불상사를 접한 쇼군은 크게 노하여 나가노리에게 당일로 자결하도록 명했고, 영지를 몰수해 아사노 가문을 해체했다.

그러나 이 사건이 사사로운 감정에서 비롯했다고 생각한 사람들은 막부의 성급한 처결을 비난했다. 겐카료세이바이喧嘩兩成敗 법에 의하면 사적 감정으로 생긴 싸움은 양쪽 모두를 처벌해야 마땅한데 한쪽만 처결했다는 것이다. 이에 아사노 가문의 가로家老였던 오이시 요시오大石良雄는 주군의 불명예를 씻기 위해 졸지에 실업 무사 로닌浪人이 된 나가노리의 가신들을 데리고 1702년 12월 14일 밤 기라 요시나카의 저택을 습격하여 그의 목을 벤 뒤 주군의 묘소에 바쳤다. 그다음 이 사건의 전말을 막부에 알리고 법을 어겨 송구하니 삼가 법에 의하여 처벌받고 싶다고 요청했다.

이들이 정말로 법을 어겼다면 주군의 무덤에서 자결했어야 하는데 당당히 통보한 것이다. 즉 막부의 그릇된 처분으로 주군이 죽었으니 법 집행이 틀렸다는 항의였다. 이에 막부는 2개월 동안 고민한 끝에 "천하 공법인 막부의 법을 어긴 것은 죄가 막중하나 무사가 주군의 원수를 갚기 위해 궐기한 것은 가상한 일이다. 그러므로 무사의 예를 갖

일본 고베시립박물관 소장 가부키 극장의 내부, 〈주신구라〉 제7막, 1749년경.
〈주신구라忠臣藏〉는 연말연시면 으레 일본의 TV에 등장하는 특집극 소재다. 내용은 주군을 잃은 사무라이 47인의 복수극이다. 각급 학교의 교과서에도 빠짐없이 나온다.

추어 명예로운 자결, 즉 셋푸쿠切腹(할복자살)를 하라"고 명했다.

1703년 2월 4일 오이시 요시오를 비롯한 47인의 로닌은 모두 할복 자살하여 일본의 영웅이 되었고, 죽은 지 1개월도 지나지 않아 이 사건은 에도 가부키 극장에서 〈아케보노소가요우치曙曾我夜討〉라는 제목으로 상연되었다.[15] 아버지의 원수를 갚은 12세기에 유명한 소가曾我 형제에 빗대어 각색한 것인데, 막부는 즉시 이 공연을 금지시켰으나 민중들은 열광했다.

사실 아코 기시들의 복수에는 주군을 향한 충성뿐 아니라 무사가 지켜야 할 의리와 명예, 용기가 모두 들어 있다. 의리란 본디 사람과 사람 사이 지켜야 할 바른 도리를 뜻한다. 하지만 무사들에게 의리 즉 일본어로 기리ぎり라는 말은, 어떤 특별한 관계를 맺은 사람에게 해야만 하는 의무에 가깝다. 계약적 성격이 짙은 것이다. 일본인들은 곧잘 '기리보다 괴로운 것은 없다'라 말하는데 이때 기리란 바로 누군가에게 받은 은혜에 대한 보답이다. 잠시라도 혜택을 입었다면 목숨 걸고 기리를 지키는 것이 무사의 도리이며, 이른바 무사적 충의다.

무사는 살아야 할 때 살고 죽어야 할 때 죽는 것을 진정한 용기라 믿었다. 아코 기시들이 죽음을 불사하고 무사적 충의를 지킨 것은 바로 이러한 용기에서 나왔으며, 주군을 위한 복수와 복수의 결과로 할복한 것 모두 명예를 지키기 위함이었다. 무사의 명예란 죽는 순간까지 이름을 더럽히지 않는 것이고 이는 복수나 자결 등의 형태로 나타났다. 아들이 떡 장수에게 떡을 훔쳐 먹었다는 누명을 쓰자 무사는 아들과 자신의 명예를 지키기 위해 아들의 배를 갈라 떡을 먹지 않았음을 보인 뒤 떡 장수를 죽이고 자신도 할복했다는 이야기는 너무나 유명하다. 다소 섬뜩하지만 명예는 무사에게 목숨 자체였고, 이를 지키고 사는 것이 무사의 삶이었다.

무사가 지켜야 할 충忠·의義·용勇·명名은 모두 유학 용어이며 조선의 선비도 따르던 덕목이다. 그런데 용어의 쓰임이 이렇게 다른 것은 유학을 받아들인 사람이 달랐기 때문이다. 평생을 전장을 누비며 공부라곤 해본 적 없는 무사와 평생 공부만 하고 지내온 선비는 생각하는 법 자체가 달랐다. 선비의 공부 이유가 백성과 국가를 위한 것이라면 무사의 싸움 이유는 오로지 주군과 자신의 명예 때문이었다.

3세기 동안 평화를 맞은 에도 막부도 다르지 않았다. 유학에 관심을 보인 쇼군으로 알려진 이에야스일지언정 백성을 조세 납부를 위한 존재로밖에 보지 않았으며, 무사들 또한 백성을 필요한 물자를 공급하는 사람 정도로 취급했다. 과거제도가 없던 일본 사회는 무사와 백성, 조닌 사이 신분 이동이 사실상 불가능했다. 따라서 계층적 지배를 공고히 하기 위해 학문을 필요로 한 것이지 백성과 국가를 위함은 아니었다. 유학에서 말하는 인仁이니 덕德이니 하는 정치는 이 시기 일본에는 존재하지 않았다.

예컨대 에도 시대 주자학을 좋아한 다이묘로 알려진 호시나 마사유키保科正之(1611~1672)는 정사를 돌볼 때, '인'을 말하면 사람들이 귀에 거슬려 하는데 '자비'라 하면 잘 알아듣는다고 했다. 이때 '자비'는 부하나 백성을 향한 것이 아니라 자신의 너그러움을 선전하기 위한 말이었다. 또한 막부가 통치를 잘못하는 다이묘를 처벌할 때도, 어진 정치를 하지 않았기 때문이 아니라 쇼군에게 제대로 봉공하지 못했다고 판단해서였다. 다시 말해 불인不仁이 아니라 불충不忠이 문제였다.[16] 유학의 기본 덕목은 무사가 지켜야 할 덕목과 결합해 의미가 변하였고, 무사도라는 이름의 독특한 정신으로 자리 잡았다.

4

三國志

근대 한·일 삼국지 활용법

7장

두 나라의 입맛에
맞도록 바꾸다

일제 강점기 한국과 일본의 《삼국지》는 그 쓰임이 달랐다. 『조선일보』에 실린 한용운의 《삼국지》는 영웅을 갈망하는 식민지 조선인의 염원과 항일 민족의식을 심어주는 텍스트였던 반면 일본 요시카와 《삼국지》는 중국에 대한 이해와 관심을 불러일으키고, 전시체제하에서 전쟁을 독려하는 동시에 군국주의를 드러내는 데 쓰였다.

그림으로 읽는 삼국지

—같은 장면, 다른 그림 13

옥천산에 나타난 관우 일행의 영혼

관우가 번성을 치러간 틈을 타 동오의 여몽은 봉화대를 장악하고 형주를 차지했다. 이를 안 조조는 관우를 치기 위해 서황을 번성으로 보내, 번성에 있던 조인과 함께 관우를 협공한다. 뒤늦게 형주를 빼앗겼다는 소식을 들은 관우는 아직 함락되지 않은 맥성으로 가지만, 이를 미리 안 손권의 복병에게 잡혀 죽음을 당한다. 한을 품고 죽은 관우의 혼령은 허공을 헤매다 옥천산 자락에 나타났고, 관우의 목을 벤 여몽은 승전을 축하하는 자리에서 관우의 혼령이 씌어 온몸의 일곱 구멍에서 피를 쏟으며 죽는다.

일

그림으로 읽는 삼국지

—같은 장면, 다른 그림 14

큰 짐승을 몰아 목록대왕을 쫓는 조자룡

관우가 죽은 뒤, 조조는 심한 두통에 시달리다 죽음을 맞이하고, 관우의 원수를 갚고자 했던 장비도 불같은 성격 탓에 부하들에게 미움을 사 살해당한다. 유비도 아우들의 원수를 갚기 위해 군대를 일으켜 손권을 쳤으나 끝내 오를 정벌하지 못하고 백제성으로 물러나 병사한다. 제갈량은 오와 화친을 맺고 위를 막도록 한 뒤, 남쪽 오랑캐를 정벌하기 위해 조자룡과 함께 대군을 이끌고 남으로 간다. 남만의 왕 맹획은 목록대왕에게 빌려온 맹수 부대로 공격하지만 제갈량은 입과 코로 불을 뿜는 나무로 만든 짐승으로 대적해 맹획을 일곱 번 사로잡고 일곱 번 놓아줘 결국 항복을 받아낸다.

일

그림으로 읽는 삼국지

—같은 장면, 다른 그림 15

한

공명의 목상에 놀라 도망을 치는 사마의

제갈량은 후주에게 출사표를 올리고 중원을 차례차례 정벌해나갔으나, 위의 대장군 사마의에게 패하자 군령을 어긴 자식 같은 마속을 베고 통곡한다. 이후 다시 출사표를 내고 여섯 차례나 기산으로 진격했으나 모두 실패하고 오장원에서 몸이 쇠약해져 병들어 죽고 만다. 죽기 전 제갈량은 죽음을 알리지 말고 자신의 목상을 수레 위에 앉혀 사마의를 달아나게 하라고 명한다. 제갈량이 세상을 떠난 뒤, 촉은 위에 의해 멸망하고, 오 또한 사마염의 공격을 받아 몰락하면서 천하는 진으로 통일된다.

조선 독서계를 이끈 삼국지

1

三
國
志

조선 후기 상업 출판이 성행하면서 경제적 여건상 거질의 《삼국지》
를 모두 판각할 수 없자 독자가 원하는 재미있는 부분만을 절취하거
나, 내용을 개작해 또 다른 삼국 이야기가 만들어졌다. 새롭게 만들어
진 삼국 이야기는 방각본을 거쳐 활자본에 이르기까지 꾸준한 인기를
얻었다. 특히 19세기 말 일본에서 들어온 연활자 인쇄 기술은 서구 제
지술에 의한 저가 종이 공급과 결합되어 값싼 책을 대량 출판하는 국
면을 낳았다. 이에 힘입어 고소설은 새로운 향유층을 확대해가며 대
대적으로 유통되었다.

출판 붐이 일다

문학평론가 김기진金基鎭(1903~1985)은 『동아일보』에 기재한 「대중소설론」에서 해마다 수만 권의 활자본 소설이 출간·유통되었다고 하였다.[1] 이 중에는 기존 필사본 혹은 방각본 소설을 활자화한 것도 있었지만 대부분 새로이 창작 또는 개작된 것으로, 신문 연재소설과 더불어 빠르게 대중 속으로 파고들었다. 이처럼 근대 시기 들어 소설에 대한 관심이 크게 확대된 이유는 독서 인구의 급격한 증가 때문이었다. 신분제가 흔들리면서 상민과 여성이 교육받을 기회가 늘어났다. 학교에 보내면 왜놈이 된다고 생각한 보통의 많은 조선인들이 1919년 3·1운동 이후 태도를 바꾸어 일제 공교육기관에 자식을 보내기 시작하면서 독서층이 남녀노소로 확장되었다.[2] 또한 1910년부터 출판되기 시작한 구활자본 소설이 매년 수만 권 이상 팔리면서 문자 문화 자체가 확산되어 책 읽기 대중화에 결정적 계기를 제공했다.

이 시대 나온 소설 중 삼국 이야기와 관련한 구활자본 소설은 무려 20종이나 된다. 이 중 《몽결초한송夢決楚漢訟》과 《제마무전諸馬武傳》은 명대 풍몽룡이 송·명대 유행한 화본을 엮은 《유세명언》 중 〈요음사사마모단옥鬧陰司司馬貌斷獄〉을 번역한 것이다. 이 작품은 후한 말 선비 제마무가 꿈속에서 옥황상제를 만나, 한고조에게 충성을 다하고도 죄인으로 몰려 억울하게 죽은 한신, 진평, 장량 등의 송사를 맡아 이들을 삼국 시대 인물로 환생시킨다는 이야기로 《삼국지평화》와 비슷하다. 이 두 작품을 제외하고 《삼국지》를 번역하거나 개작한 작품(18종)은 50

회 이상 출간될 정도로 엄청난 인기를 누렸다.

　전체 18종 중 8종은 《모종강평본》에 제갈량과 황부인의 결혼담을 삽입한 《산수삼국지》와 연관된 것이다. 《산수삼국지》는 전집 상·중·하, 후집 일·이·삼·사·오 그리고 속집續集까지 총 9권으로 이루어졌으며 황부인 관련 이야기를 제외하면 비교적 충실하게 《모종강평본》을 번역하였다. 그런데 저자 겸 발행자 박건회朴健會는 상업성을 고려하여 《삼국지》의 특정한 부분만 떼어내고, 서두에 후한 말 혼란한 상황이나 도원결의 또는 전반부 줄거리를 요약한 후 새로 제목을 달아 출판하였다. 예컨대 《오관참장기》는 《산수삼국지》 전집 중中을 떼어 간행한 것이고, 《화용도실기》는 《산수삼국지》 후집 일一을 그리고 이를 다시 나누어 전반부는 《황부인전》으로 후반부는 《적벽대전》으로 출판하였다. 《한수대전》은 《산수삼국지》 후집 삼三을, 《강유실기》는 《산수삼국지》 마지막 권 후집 속續을 떼어 만들었으며, 《무쌍언문삼국지》는 《산수삼국지》 후집 속을 뺀 나머지를 가지고 출간한 것이다.

　《언토삼국지》와 《현토삼국지》는 《모종강평본》에 한글 토만 달았고, 《제일기서삼국지》는 《모종강평본》을 그대로 옮겼으며, 《산양대전》, 《조자룡전》, 《삼국대전》은 경판 3권본 또는 5권본 《삼국지》 권지삼 내용에 《삼국지》 이야기를 덧붙여 활자화했다. 《관운장실기》는 《모종강평본》 제1회부터 제77회 관우의 죽음까지, 《장비마초실기》는 《모종강평본》 제36회 서서가 공명을 천거하는 데부터 제73회 유비가 한중왕에 오르는 데까지를 축약하였고, 《적벽가》는 판소리를 문어체

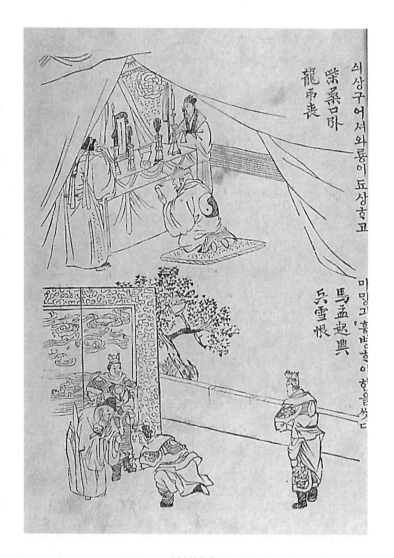

싀상구어셔와룡이됴상ㅎ고
柴桑口吊
龍吊喪

마밍긔홍병녕이혼을쓰다
馬孟起興
兵雪恨

《산수삼국지》

로 바꾸고, 한자를 병기해 만들었다.

구활자본《삼국지》중 가장 독특한 것은《제갈량전》으로,《삼국지》를 개작하지 않고 역사서를 토대로 한 창작물이다. 제갈량에 관한 기록은『촉서』「제갈량전」을 비롯한 장식의「제갈무후전」, 양시위가 편찬한『제갈충무서』등에 있는데《제갈량전》의 작가는 이들 역사 자료와《삼국지》를 바탕으로 이 작품을 저술한 듯하다. 그리하여 흥미 위주로《삼국지》를 개작한 여타 소설보다 재미는 떨어지지만 제갈량이라는 인물로 혼란한 시대 올바른 길을 모색하도록 해주었다.

예컨대 그는 일제 강점기 상황을 후한 말에 빗대 민심이 곧 역사를 움직여나간다고 했으며 남만 정벌 때 제갈량이 벌인 칠종칠금을 통해 전쟁은 성城을 치는 것보다 적의 마음을 쓰러뜨리는 것을 귀하게 여긴다며 민심의 중요성을 강조하였다. 그리고 삼고초려를 삼국 시대 가장 아름다운 이야기라 칭하고, 제갈량은 의로움을 위해 몸을 일으켰는데 지금의 청년들은 문벌을 더하고 재산을 탐득할 계책으로 세상에 나간다고 비난하며 독자를 일깨웠다.

신문 연재소설 전성시대

일제 강점기 조선의 일간지들은 앞다투어 소설을 연재했고,《삼국지》도 이 시기에 신문에 연재되었다. 문학평론가 김기림金起林은 1930년대 일간지들이 경쟁적으로 소설을 연재한 현상을 두고「신문

소설 올림픽 시대」라는 글을 썼다. 그는 『동아일보』, 『조선일보』, 『매일신보』 등에 연재되던 소설을 언급한 뒤 "실로 신문이 있은 후 이렇게도 화려 찬란하고 다산적인 신문소설 범람 시대를 연출한 일이 있은 것 같지는 않다. 《흙》과 《명일》, 《백구》와 《마도魔都의 향불》, 《임꺽정전》과 《해는 지평선에》 등등은 현 단계 조선인의 정신생활의 잠재의식 면에서 나타났다 사라졌다 하는 대표적 환영들은 아닐까?"라고 하였다.[3] 그는 신문소설이 갖는 시의성이 마치 신문기사처럼 생생한 실제적 생활 감감으로 살아 있다고 말하면서 동시에 이것이 얼마나 허망한지를 설명하였다.

김기진 또한 같은 시기 「신문장편소설시감新聞長篇小說時感」이라는 글에서 신문소설은 독자와의 소통이 매우 직접적이므로 작가가 독자의 구미에 맞게 소설을 쓸 수밖에 없다고 아래와 같이 말하였다.

> 신문 독자는 너 나 할 것 없이 매일 그날 발표된 것만 읽고 나서 즉시 그 소설이 재미있다거나 재미없다거나 해가며 비평하고 싶어 한다. 전편全篇을 통해서 힘준 곳이 뚜렷하건만 토막토막 짤금짤금 맛보는 독자는 어느 곳에 얼마나 힘이 들어갔는지 잘 모른다. 이 한 가지 조건만으로도 작가에게 있어 잡지나 단행본으로 일시에 읽히기 위해 창작한 소설에 비하면 신문에 쓰는 소설을 다르게 보이게 하도록 충분한 작용을 한다. 그래서 작가는 독자들이 날마다 보면서 재미를 붙이도록 인물의 등장, 사건의 운반, 전 사실과 후 사실의 조직

김기림의 글이 실린 잡지 『삼천리』의 창간호

등을 안배하고 나서 묘사의 옷만 입혀버리려 한다.[4]

이처럼 당시 신문소설은 독자를 위해 창작되었기에 다분히 상업적·통속적일 수밖에 없었다. 이들보다 앞서 소설가 박종화朴鍾和도「조선 문단의 회고」에서 "《삼국지》와 같은 중국 소설은 예술적 가치와 문장이 웅장하고 호탕하여 읽을 때 세 번 감탄하지 않을 수 없을 정도로 훌륭하지만 지금처럼 번역되어 연재되면 아무리 주밀히 한다 할지라도 원작의 기백을 누가 능히 백에 십인들 살릴 수 있는가"라고 하였다. 그러면서 신문에 연재된 번역 소설은 "얕은 흥미로 대중을 끌되 아무런 효과를 주지 못하는 저널리즘의 폐해"일 뿐이라고 탄식하였다.[5] 이는 당시 중국 번역 문학가 양백화梁白華가 『매일신보』에 순우리말로 옮겨《삼국지》를 연재(1929. 5. 5.~1931. 9. 21.)하는 상황을 겨냥한 것으로, 자칫 대중을 홀리는 데 치중해 예술의 가치와 문장의 웅혼함을 잃을까 걱정하였다. 물론 이러한 신문 연재소설이 순수문학을 지향하는 작가와 평론가 입장에서는 비판 대상이었지만 소설을 대중화하는 데 크게 기여했음에 틀림없다. 게다가 아무리 독자의 구미에 따라 썼다 해도, 일제 강점기 민족의 염원을 전적으로 무시할 수는 없었을 것이다.

일제는 1910년 국권 침탈 후 구한말 최대 민족지였던 『대한매일신보』를 흡수 합병하여 『매일신보』로 이름을 바꾸고 조선총독부 기관지인 『경성일보』 자매지로 발행했다. 『매일신보』는 1910년대 유일한 국문 신문으로 조선 문단을 이끌었다. 그러나 3·1 운동 이후 식민지 정책이 실패했음을 깨달은 일제가 1920년대 문화정치를 표방하며 새로운 식민 통치를 시작하면서 민간지 『동아일보』, 『조선일보』 등이 발간되자 위세가 한풀 꺾이기도 했다. 그래도 『매일신보』는 문단 주도권을 놓치지 않기 위해 여러 방면으로 노력해 흥미로운 연재소설을 게재하여 대중 독자의 관심을 끌려 애썼다. 1910년대 이광수의《무정》이후 1920년대 우리 문단을 이끈 양백화, 임화, 김기진, 이효석, 염상섭, 이서구 등의 작품을 다양하게 실었다. 이것이 가능한 배경에는

1924년 취임한 소에지마 미치마사副島道正 사장의 역할이 컸다. 그는 취임 후 조선 문제에 관한 한국어 신문의 논조를 염두에 두고, 사상이나 이론 면에서 현실적·점진적 노선을 주장하는 등 종래『경성일보』 논조에서 크게 변화한 모습을 보였다.

나는 조선인의 우수한 문명적 발달과 문화적 향상을 위할 만한 소질을 믿는 까닭에 …… 그리하여 교육으로 하든지 경제로 하든지 전체 조선인으로 하여금 일본인과 동일한 영역에까지 도달하지 않으면 안 될 것으로 믿는 바이다. 그러므로 이 같은 뜻의 동화주의야말로 조선 자치의 기조로 되지 않으면 안 되는 것이다. 그러나 동화주의는 어디까지나 조선인의 본질적으로 고유한 것을 무시하여서는 불가하다. 대저 문명이라 하는 것은 제도적으로 전체의 민족을 향상케 하는 목표이며 문화라 하는 것은 민족적 혹은 역사적으로 고유의 특질을 발달케 하는 사상이다. 조선인은 반드시 문명의 정치적 생활을 얻지 않으면 안 되며 또 동시에 문화의 민족적 특질을 발달케 하지 않으면 안 된다.[6]

이와 같이 그는 조선의 민족적인 것을 중시하고 자치를 허용하자고 주장하였고,『매일신보』는 대중 포섭을 강화하기 위해 1920년대 후반부터 순국문체를 활용하는 편집 정책을 펼치기도 하였다.

조선 청년들의 피가 끓도록

일본인과 동일한 영역에까지 도달하기 위해 우선 조선 문화의 민족적 특질을 발달케 해야 한다고 주장한 소에지마 미치마사 사장의 정책 이후 1929년 5월 5일부터 순국문체로 연재된 《삼국지》는 아래 광고처럼 '대중문예'라는 표제를 붙여 소개되었다.

> 대중문예 《삼국지연의》
> 양백화 지음, 이승만 그림
> 강호에 많은 환영을 받은 본지의 연재소설 《이심》은 오늘로써 끝이 났음으로 본사는 다시 그 뒤를 이어 다음 달 초순부터 중국 사대기서의 하나요, 대중소설의 걸작인 《삼국지연의》를 이제 중국 문학자 양백화 씨의 유려한 붓을 빌려 소개하기로 한 바이다. 내용은 이미 다 아는 바와 같이 사상의 정명한 사실인 만큼 무한한 흥취는 일백 번 읽어도 싫지 아니한 것이니 반드시 여러 젊은 분들의 상찬을 받으리라고 믿는 바다.[7]

이 작품은 기존에 국한문혼용체로 연재되었던 《홍루몽》과 달리 순국문체로 연재해 대중문예로서 지위를 공고히 했다. 그러나 『매일신보』가 아무리 조선적인 것을 허용한다 한들 양백화의 《삼국지》가 보란 듯이 식민지 조선인의 염원과 민족의식까지 담지는 않았을 것이

다. 국문 소설이 갖는 대중문예로서 역할이란 조선인의 시름을 달래주는 정도였을 것이다.

　다만 1933년 10월 『신동아』 제25호에 발표한 「장판교상의 장비」에서 《삼국지》에 대한 양백화의 생각을 엿볼 수 있다. 그는 삼국 시대가 기절氣節을 숭상하고 기개를 중히 여기며 충군의 기상이 많이 있던 때라 도원결의 전설이 생겨나고 온갖 무용담이 많다면서, 《수호전》의 가작 인물과 달리 실재 인물인 만큼 우리에게 흥미를 더 많이 준다고 하였다.[8] 더욱이 그가 번역한 소설이 촉한 정통론을 바탕으로 한 《모종강평본》임을 감안하면, 의도든 아니든 상관없이 식민지 독자는 연재소설을 통해 민족의식 고취와 함께 촉한 장수 같은 영웅을 갈망했을지 모른다.

　게다가 양백화의 문학에 대한 생각을 보면 《삼국지》는 조선 청년의 피를 끓게 하기에 충분할 뿐 아니라 더럽고 기구한 생활에서 뛰쳐나 갈 원기를 불어넣는 혁명적 문예였을 것이다.

나는 항상 이렇게 생각하였다. 남들은 어떤 것을 탐독하든지 말할 것도 없고 우리는 특히 우리 조선 청년들은 읽으면 피가 끓어오르고 읽고 난 뒤에는 그 썩고 구린 냄새 나는 생활 속에서 '에라' 하고 뛰 어나올 만한 원기를 돋아주는 혁명적 문예를 읽어야 한다고 하였다. 동시에 나는 우리가 남달리 더럽고 기구한 생활을 오랫동안 계속한 역사를 등에 진 값으로 반드시 정치상으로 대정치가가 생기고 문학 상으로 대문학가가 생길 것을 깊이 믿어왔다. 한데 그동안 국내 많 은 독자와 작가들은 대체로 나의 이 생각과 바람에서 멀리 배치해가 는 현상에 있는 것이 사실이다. 그러므로 나는 중국 문예작품 중에 서 이상에 말한 혁명적 소설을 깊이 연구하여 그것을 소개하려 하였 던 것이 곧 나의 초지였다.[9]

이 글은 1928년 3월 북경 평민대학에 있을 때 쓴 것으로, 중국 문예 작품 중에서 혁명적 소설을 찾아 번역 소개하여 식민지 조선인에게 희망을 심어주고자 하였다고 한다. 『매일신보』에 《삼국지》를 연재한 때가 글을 쓴 이듬해였으니, 이 같은 이유에서 《삼국지》를 번역한 것 이라 생각된다.

2

三
國
志

일본,
삼국지로 전쟁을 독려하다

1937년 중일전쟁 발발 후 일제는 '동아시아질서론'을 내세우며 본국을 비롯한 조선, 대만 등 식민지 사회에 총동원 체제를 구축하려 하였다. 조선에는 미나미 지로南次郎 총독이 부임하여 총동원 체제로 재편하면서 내선일체 이념을 강력히 제기하였다. 일제가 전쟁을 수행하기 위해 조선 전체를 '대륙전진병참기지'로 만드는 데 조선 내부에 있을지 모르는 저항을 뿌리째 제거하고자 한 것이다. 이후 일제는 내선일체를 달성하고자 교육령 개정, 지원병 제도, 창씨개명, 국민정신총동원령 등 아주 구체인 정책들을 전개했다. 모두 내선일체라는 미명 아래 조선인을 전쟁에 동원하려는 술책이었다.

승리하려거든 삼국지를 읽으시오

이러한 시기에 총독부 기관지 『경성일보』에 연재(1939. 9. 20.~1943. 9. 14.)된 요시카와 에이지吉川英治(1892~1962) 《삼국지》는 단순히 재미나 흥미를 위한 읽을거리가 아니었다. 왜냐하면 이 소설은 총동원 체제하에서 일본 『주가이쇼교교신포中外商業新報』와 토요회土曜會 계열 신문에 연재(1939. 8. 26.~1943. 9. 5.)되던 것인데, 조선총독부가 이를 거의 곧바로 『경성일보』에 실었기 때문이다. 즉, 내선일체를 달성하려는 나름의 의도를 소설에 감추었음을 짐작케 한다.

그도 그럴 것이 요시카와 에이지는 중일전쟁이 발발하자 『마이니치신문每日新聞』의 특파원으로 화북華北에서 종군하였고, 이듬해 내각 정보국의 명으로 문사 종군의 일원으로 전쟁 당시 중국에 두 번이나 방문한 사람이었다. 그때 그는 중국에서 대륙의 풍토와 유구한 역사의 흐름에 깊은 감동을 받았다고 한다. 어린 시절 쿠보 덴즈이久保天隨의 《연의삼국지》를 열독하면서 밤늦도록 등잔 밑에 매달려 아버지께 그만 자라고 꾸중 들은 일이 있을 정도로 《삼국지》를 좋아한 그가 두 번의 중국 방문 후 《삼국지》를 신문에 연재한 것이다. 이 소설은 중일전쟁 시기에 중국에 대한 이해를 촉구하는 역할을 하면서 큰 인기를 누렸다. 재일조선인 2세로 태어나 현재 도쿄경제대학교에 있는 서경식 교수는 어렸을 때 읽은 요시카와 에이지의 《삼국지》에 대해 다음과 같이 말했다.

가령 유비 현덕의 군세에 위협을 느끼며 국가 존망의 위기에 내몰린 촉나라의 유장劉璋은 한중漢中의 장로에게 원조를 요청하게 되는데, 이 대목을 요시카와 에이지는 "위험한 사상에 기반한 침략주의 국가에 읍소하니……" 운운하는 표현으로 묘사했다. 그런데 이 표현이 어딘지 모르게 요시카와 《삼국지》 전체를 관류하는 저 물 흐르는 듯한 높은 격조와 따로 놀고 있다고 느낀 것은 내가 대학생이 되고

요시카와 에이지
요시카와 문학은 대중과 함께 숨 쉬고,
대중의 꿈에 부합하는 데 이상적이었다.

난 뒤였다. 이는 물론 한중이 '오두미교五斗米敎'라는 사교邪敎를 신봉하는 나라였고 또 장로가 그 교주라는 사실을 말하는 것이리라. 하지만 일본이 중일전쟁에서 태평양전쟁에 이르는, 헤어날 수 없는 수렁으로 빠져들고 있었다는 집필 당시의 시대적 맥락을 고려할 때, 이는 '소비에트 동맹'을 염두에 둔 말로 볼 수도 있을 것이다. 이런 식으로 문제를 논하기 시작하면 당시의 시대적 배경과 요시카와 에이지의《삼국지》전체가 서로 맞물려 들어갈 것은 당연한 일일 테다.[10]

그가 말하는 '소비에트 동맹'이란 모택동毛澤東(1893~1976)이 1931년부터 강서江西 지역에 설치한 중화 소비에트다. 중화 소비에트는 국민당의 공산당 소탕 작전이 본격화하는 1934년까지 강서 지역을 중심으로 급속도로 확대되었는데, 이후 국민당에게 밀린 모택동은 공산당 세력 즉 홍군紅軍을 거느리고 대장정에 오른다. 모택동이 이끈 홍군은 비록 국민당의 공격과 추위, 굶주림 등으로 패하지만 북상항일北上抗日의 명분을 내세우고, 여기에 혁명군의 엄격한 규율과 도덕성, 대중 혁명 교육 및 청년들의 희생정신 등이 보태져 많은 사람이 홍군과 공산당을 지지하게 되면서 정치적으로는 승리를 거둔다. 그리고 1936년 12월 공산군 토벌 작전을 독려하기 위해 서안西安을 찾은 장개석蔣介石이 부하 장군 장학량張學良에게 납치된 서안 사건이 발생하면서 국공합작이 성공하자 이들은 항일 민족통일전선을 수립하고, 홍군을 국민혁명 제

8로군으로 개편하여 일본군에 대항하였다.[11]

이와 같은 시대 상황 속에 쓰인 요시카와 《삼국지》에서 오두미교를 신봉하는 한중 장로에게 원조를 요청하는 촉나라의 유장이 요시카와로서는 탐탁지 않았을 것이다. 이 때문에 요시카와는 "등으로 배를 대신할 수 없다고, 결국 위험한 사상적 침략을 노리는 나라에 울며 호소하여 그 원조를 청한다면 괴로운 마음의 하책에서 나온 것이다"라고 평한 것이다.[12] 이는 오두미교를 공산당에, 촉나라의 유장은 장개석에 비유한 것으로, 항일 전쟁을 위해 공산당과 손잡은 국민당을 두고 한 말인 것이다. 이처럼 중일전쟁 시기에 탄생한 이 소설은 서경식 교수의 말처럼 당시 시대적 배경과 맞물려 들어간다.

중일전쟁 시기에 유독 다양한 종류의 《삼국지》가 나오는데, 이는 단순한 흥밋거리 이전에 어떤 목적에 따른 의도가 숨겨져 있을 것이라 짐작된다. 중일전쟁 이전까지 《삼국지》는 대개 《통속삼국지》의 간략판이거나 새로운 내용을 첨가한 개작이었다. 그런데 전쟁 중 오카모토 세이케이岡本成蹊《삼국지》(1939)를 필두로, 요시카와 에이지 《삼국지》(1939), 무라카미 토모유키村上知行《삼국지물어三國志物語》(1939), 유잔 가쿠雄山閣가 편찬한 《삼국지》(1940), 유다테 요시오弓館芳夫《삼국지》(1941) 등 불과 3년 사이에 다섯 작품이나 나온다.[13]

요시카와가 〈삼국지서〉에서 밝히고 있듯이 이전의 《삼국지》는 읽기에는 난삽하고, 일반이 요구하는 목적과도 많이 달랐다. 게다가 쉬운 문장으로 쓰인 《서유기》나 《수호전》 같은 작품들을 읽어온 독자에

게《통속삼국지》같이 고어로 써진 책은 너무 어려웠다. 따라서 읽기
쉬운《삼국지》가 필요했고, 또한 다음 〈삼국지서〉처럼 당시 중국을 이
해하기 위해서도 유용했다.

> 《삼국지》는 말할 필요도 없이 지금부터 약 1800년 전의 고전이지만,
> 《삼국지》에서 활약하는 등장인물은 현재도 중국 대륙 곳곳에 그대
> 로 있는 것 같은 느낌이다. 중국 대륙으로 가서 거기의 잡다한 서민
> 이나 인사 등과 만나 특별히 친하게 지내다 보면, 《삼국지》 안에 나
> 오는 인물 중 한 사람과 분명히 닮아 있음을 발견하게 된다. 혹은 공
> 통된 것을 느끼는 경우가 종종 있다. 그러니까 현대의 중국 대륙에
> 는 삼국 시대의 치란흥망이 그대로 있고, 문화나 모습은 변했지만
> 작중인물 또한 오늘날도 살아 있다 해도 과언이 아니다.[14]

당시 일본 서점에서는 전시체제판戰時體制版 서적이 판매되었는데
《서유기》, 《수호전》, 《삼국지》 등 중국 고전을 통해 중국을 이해하고
자 하였다. 특히 1941년에 나온 유다테 요시오《삼국지》 머리말에는
시국時局과 저작을 연결하는 자세가 더욱 강조되어 있다. 그는《삼국
지》의 수많은 인물 사이에서 행해진 엄청난 투쟁과 피가 스며드는 듯
한 권모는 바로 중국의 모습 그 자체라며 자신의 관심은 처음부터 현
재 중·일 관계에 비추어 중국이라는 나라를 알 수 있도록 도움을 줄
만한 책을 썼을 뿐이라 하였다. 또한《수호전》에서도 중일전쟁 이후

충성과 용기 있는 황군이 열심히 싸운 지명이 곳곳에서 나오기 때문에 흥미를 더한다고 하여 중국에 대한 관심과 이해를 촉진시켰다.[15]

이처럼 중일전쟁 시기 사람들은 중국에 높은 관심을 보였고, 이러한 관심은 자연스럽게 중국 고전으로 옮겨갔다. 그리고 실제 전황과 지명이나 인물상이 겹쳐지는 《삼국지》는 다른 고전보다 인기가 있었다. 요시카와는 〈삼국지서〉 이외에 자신이 연재하는 《삼국지》 속에서도 "출사의 표를 읽고 울지 않는 자는 사내가 아니라고까지 예부터 우리 조상도 말하고 있다. 틀림없이 그도 동양인이다. 그러므로 오늘날 일본에서 이 새로 번역한 책의 의의를 필자도 확신하는 것이다. 바라건대 독자 여러분도 그 의의를 읽어 항상 같은 뿌리에서 일어나는 전란이나 정변의 화를 입고 있는 중국인에게 보내는 이해와 관심에 조금이나마 도움이 되어주었으면 싶다"고 밝혔다.[16] 그렇기 때문에 요시카와 《삼국지》는 신문 연재 전 광고에서 중국 이해의 필요성을 설명하고, 신동아 건설 시대 이 소설이 펼칠 의의를 강조하기도 했다.

삼국지에 스며든 무사도와 군국주의

《모종강평본》의 처음은 "천하대세는 나뉜 지 오래면 반드시 합하고, 합한 지 오래면 반드시 나뉜다"로 시작해 어지러운 후한의 정치 상황을 묘사한다. 그러나 다음 인용한 요시카와 《삼국지》의 시작 부분은 어떤 판본에도 없는 새로운 내용으로 요시카와의 창작이다.

후한의 건녕 원년 무렵.

지금으로부터 약 1800년 전의 일이다.

한 사람의 나그네가 있었다.

허리에는 한 자루의 칼을 찼을 뿐인데 옷차림은 매우 초라해 보였다. 눈썹은 수려하고 입술은 다홍색, 특히 총명한 눈동자 하며 오동통한 볼을 지니고 언제나 미소를 머금어 전체적으로 천한 모습이라곤 없었다.

나이는 스물넷, 다섯.

풀밭에 우두커니 앉아 무릎을 껴안고 있었다.

유유히 오래도록 물은 흘러간다.

산들바람이 상쾌하게 귀밑털을 어루만진다.

시원한 가을이다.

그리고 이곳은 황하의 두둑, 황토층이 낮게 끊긴 기슭이다.[17]

요시카와는 이와 같은 도입부에 이어 유구한 황하 유역에 우두커니 앉아 있던 청년은 짚신이나 돗자리를 만들어 판 돈으로 어머니께 귀한 차를 선물하기 위해 낙양에서 오는 배를 기다린다고 설명했다. 이 청년이 바로 유비인데 유비는 차를 사 가지고 오다가 황건 일당의 습격으로 차도 빼앗기고, 집안 대대로 내려오던 명검도 빼앗긴다. 하지만 장비의 도움으로 차와 명검을 되찾고 고마움의 표시로 명검을 장비에게 주고 집으로 돌아온다. 어머니는 귀한 차 선물을 받고 기뻐하지만 유비가 집안 대대로 내려온 명검을 장비에게 주었다는 말에 안색을 바꾼 후 차를 강에 던지며 유비를 엄하게 꾸짖는다.

> 벌써 잊었느냐, 비야. 네 아버지도 할아버지도 너처럼 짚신이나 만들고 돗자리를 짜며 토박이 백성들 속에 파묻힌 채 일생을 허무하게 마치기는 했지만, 더 먼저 조상을 더듬어보면 한의 중산정왕中山靖王 유승劉勝의 정확한 혈통이다. 너는 틀림없이 경제景帝의 현손玄孫이다. 이 중국을 한 번 통일했던 제왕의 피가 네 몸에 흐르고 있다. 그 칼은 그 증거라 말해도 좋은 물건이다.[18]

이처럼 요시카와 《삼국지》의 시작은 전혀 다르다. 게다가 현縣의 성주였던 홍씨 집 무사 장비, 마을의 서당인 동학초사童學草舍의 선생 관우 등 각 인물에 대한 묘사도 다르고 장비가 모시던 성주의 딸 부용과 같은 새로운 인물도 등장한다. 그는 〈삼국지서〉에서 "나는 간역簡譯이나 초략抄略을 굳이 하지 않고 장편 집필에 적당한 신문소설에서 이를 시도했다. 그리고 유비라든지 조조라든지 관우, 장비 그 외 주요 인물 등에는 나 자신의 해석이나 창의도 덧붙였다. 여기저기 원본에 없는 어구, 대화 등은 내 나름의 묘사이다"라고 한 것처럼 이 부분이 바로 요시카와의 첫 번째 창의이자, 가장 새로운 부분이다.[19]

여기서 차는 효의 상징물로 유비는 어머니를 위해 목숨을 걸고 귀한 차를 구해온다. 하지만 어머니는 이것을 가차 없이 강물에 던진 뒤,

충의 상징물인 명검의 유래를 말해주며 자식에게 중국을 통일했던 제왕의 피가 흐르고 있음을 강조한다. 이로써 유비는 자신이 앞으로 해야 할 일이 무엇인지 확실히 깨닫고 혼란한 세상을 바로잡기를 다짐한다. 그런데 이 이야기를 중일전쟁과 연결하면 전시체제하 일본인들에게 전쟁 참여를 독려하는 것처럼 읽힌다.

1938년 5월 국가총동원법 시행 이후 연재된 이 소설의 목적은 바로 여기에 있다. 그리하여 일본과 동시에 우리나라에도 연재되었고, 이를 통해 중국 이해는 물론 나아가 국가를 위해 싸워야 한다는 메시지를 전달했다. 비평가 가라타니 고진柄谷行人(1941~)은 『문자와 국가』라는 책에서 민족주의 기원에 대한 책을 쓴 베네딕트 앤더슨의 말을 인용하여 네이션nation이란 버내큘러한vernacular 언어(속어)를 통해 형성되며 이 경우 신문과 소설이 중요한 역할을 한다고 말하였다. 그리고 그 이유를 "이것들이 그때까지는 서로 관계가 없던 사건, 사람, 대상을 병치시키는 공간을 제공하기 때문이다. 이런 의미에서 '소설'은 네이션 형성에서 주변적인 것이 아니라 중심적 역할을 수행한다"고 밝혔다.[20] 물론 이 말은 근대적 민족국가(네이션)의 형성과 관련된 말이긴 하지만 '신문'과 '소설'은 공동의 언어를 사용하는 민족국가 형성뿐 아니라 이처럼 전시체제하에서 민족을 공고히 해 애국심을 고취하고 네이션의 유지에도 중심적 역할을 수행했다.

이러한 애국심의 고취는 소설 곳곳에서 찾아볼 수 있다. 다음 인용문은 왕윤이 초선을 이용해 연환계로 동탁과 여포의 사이를 이간하여 여포로 하여금 동탁을 죽이게 하는 이야기 중 동탁이 죽고 초선이 자살한 후 덧붙인 시다. 기존 《삼국지》에서 초선은 동탁을 죽이는 가교 역할을 하는 우국지사와 같은 모습과 여포의 첩이 된 후 여포의 출정을 막는 연약하고 이기적 여인의 모습이 겹쳐지면서 한 황실을 걱정하며 비분강개하는 초선의 면모를 반감했다. 하지만 요시카와 《삼국지》에서는 동탁이 죽은 뒤 여포의 팔에 안겨 장안으로 옮겨진 초선이 여포의 집에 숨었다가 여포가 다시 싸움터에 나가자 혼자 후원 작은 전각에 들어가 자살하는 것으로 그려진다.

여자의 피부는 약하다고 하는데
거울 대신 검을 잡으면
검은 정의의 마음을 강하게 해주네.
나는 기꺼이 가시밭에 들어가네.
부모 이상의 은혜에 보답하기 위해
또한 그것이 나라를 위해서라기에
악기를 버리고 춤추는 손에
비수를 감추고 수왕獸王에게 다가가
마침내 독배를 바치네, 좌우에 그리고 마지막 한 잔으로 나를 넘어뜨리네.
들리네. 지금 죽는 이 귀에도
장안의 백성들이 부르는 평화의 기쁨

나를 부르는 천상의 아름다운 새의 소리.[21]

요시카와는 이 시를 통해 나라를 위해 목숨을 바치는 여인의 충정을 강조한다. 거리에 버려진 자신을 거두어 키운 왕윤의 은혜에 대한 보답 그리고 그 보답이 나라를 위한 것이라면 기꺼이 목숨도 버리는 모습은 마치 전시체제하에 '국가를 위해 목숨 바쳐 싸워라'라는 선동 같이 느껴지기도 한다. 그리고 독자는 기존 《삼국지》 속 초선의 이중적 모습보다 우국충정을 위해 목숨을 바치는 모습을 보며 마치 무사적 충의를 느꼈을지 모른다. 게다가 예전 《삼국지》에서는 초선이 여포의 출정을 막은 뒤로 더 이상 등장하지 않아 궁금증만 자아냈는데, 이렇게 초선이 자살한 것으로 그려지니 이야기 전개가 훨씬 자연스럽고 합리적으로 되었다.

그리고 요시카와는 조조를 악인 혹은 간웅奸雄으로 묘사해 상대적으로 유비를 유덕한 사람으로 만든 내용들에도 나름의 창작을 덧붙였다. 그러나 이러한 창작은 결국 촉한 정통론보다는 조조를 긍정하는 태도를 취하면서 인간적 매력을 돋보여 독자들로 하여금 조조를 새롭게 인식하게 하였다. 예컨대, 『세설신어』「가휼」편에서 따왔다는 조조가 암살 위험을 막기 위해 잠자는 체하다 측근을 죽여 음험하고 비정한 인물임을 드러내는 장면을 요시카와는 삭제했다. 원래 이 이야기는 《모종강평본》 제72회 '제갈량은 지혜를 써서 한중을 차지하고, 조조는 군사를 거느리고 사곡으로 후퇴하다'에서 양수가 자기 재주만

믿고 경솔히 행동하여 조조의 미움을 사고, 조조가 암호 '계륵'을 회군回軍으로 해석한 양수를 참하는 내용 다음에 들어 있었다. 그러나 요시카와는 이 부분을 없애고 양수가 지나치게 조조의 의중을 읽어 조조뿐 아니라 아들 조비에게도 미움을 사는 일화를 소개했다.

> 또 양수는 『답교』 책을 만들어 조자건에게 주며 말하고 있었다.
> "만일 부군께서 무엇인가 어려운 질문을 하실 때에는 이것을 보십시오."
> 『답교』 안에는 아버지가 물을 만한 30항에 대한 답이 쓰여 있었다. 이런 식으로 조자건에게는 양수라는 뒤 방패가 있었으므로 장남 조비보다는 무슨 일이든 이겼다고 보였다. 하지만 장차 자신이야말로 당연히 태자가 될 것이라 알고 있는 조비는 내심으로 크게 불쾌하여 사사건건 양수를 아버지에 비방하고 있었다.
> "부자간 상속 문제에까지 재기才氣를 끼어 들인다는 것은 아무리 재주가 있더라도 간사한 신하임을 모면하지 못한다. 언젠가는 주살하리라." [22]

이어 요시카와는 "조조의 가슴에는 은연중 맹세하던 것이었을지 모른다. 어쨌든 재주꾼은 그 재주 때문에 망한다는 예에 어긋남이 없이, 양수의 죽음은 양수의 재주가 낳은 재난인 것은 틀림없다"고 평하며 양수를 참한 일이 군주 입장에서는 당연한 듯 묘사해 조조의 인간다움을 강조했다. 또한 요시카와는 조조의 죽음에 대해 다음과 같이 표현해 조조를 찬양한다.

> 고인이 되고 나니 그의 위대함이 더욱 분명해진다. 그 같은 인물은 역시 백 년에 한 사람도 나오지 않는다. 천 년에 한 사람이라면 모르지. 단점도 많았지만 장점도 많았다. 만일 조조가 나타나지 않았다면 역사도 이렇게 흐르지 않았을 것이다. 뭐라 하더라도 유사 이래 풍운아였다. 화려한 간웅이었다. 그가 죽었으니 어찌 적막하지 않겠는가.[23)]

요시카와도 그를 간웅이라고는 하지만 '화려한 간웅華やかな奸雄'이라는 수사를 사용해 악인으로만 평가하지 않았다. 게다가 고서를 인용하면서 "밤에는 경서를 읽고 아침에는 시를 읊는다. 많은 서적을 널리 읽었으며, 고향 사람을 위해 학교를 세우고, 부내에는 큰 도서관을 설치했으며, 또 고금의 병서를 모으고 자기 자신도 직접 쓰는 등 결코 무武만 아는 사람은 아니었다"라고 서술해 학문을 사랑하는 군주의 면모까지 돋보였다.[24)]

이러한 긍정적 묘사는 독자로 하여금 은연중 조조가 혼란한 시대를 평정한 인물이라고 인식하는 효과를 가져왔으며, 결국 자신들의 침략 전쟁에 정당성을 부여하는 수단으로 작동했다. 이처럼 요시카와 《삼국지》는 중일전쟁 시기 중국에 대한 이해와 관심을 불러일으키고, 독자가 요구하는 목적에 맞게 부연하여 또 하나의 《삼국지》가 되었다. 특히 이전 시대부터 이어진 무사적 충의를 전시체제에 맞게 고쳐 더욱 부각했다.

사실 이러한 무사적 충의는 메이지 유신(1868) 이후 신분제도가 폐지되면서 무사 계급 종식과 함께 사라진 듯했다. 유교적 사고방식이 일본의 문명적 발전을 저해한다는 계몽주의자 후쿠자와 유키치福澤諭吉(1835~1901)의 책들이 베스트셀러가 되면서 무사도는 잊어야 할 구시대적 사고방식이었다. 그러나 청일전쟁 이후 무사도가 재평가되었고, 근대 교육학자 니토베 이나조新渡戶稻造(1862~1933)가 1900년 *Bushido, the soul of Japan*이라는 책을 내자 서구 사회는 청일전쟁 승리의 요인을 무사도라고 인식했다. 니토베 이나조는 일본인의 민족정신, 즉 윤리관과 관습을 무사도에서 찾고 책을 통해 선전했다. 그리고 일본인은 무사도에서 자기 정체성을 다시금 확인했으며, 주군을 위해 목숨을 다하는 무사를 애국심으로 포장하고 침략 전쟁을 합리화했다. 일본이 만주사변을 일으키고 괴뢰 만주국을 수립한 1932년 무렵 일본 군국주의자들은 무사도를 일본 민족, 일본 국민의 도덕과 동일시했고, 이들을 대표해 이노우에 테츠지로井上哲次郎는 『무사도의 본질武士道の本質』(1942)이라는 책을 저술하기도 했다.

요시카와 에이지도 《삼국지》를 연재하기 전 1935년부터 1939년까지 『아사히신문朝日新聞』에 에도 시대 초 전설의 무사로 알려진 미야모토 무사시宮本武藏(1584~1645)를 소설화해 실었다. 요시카와가 무슨 의도로 연재했는지는 알 수 없다. 하지만 군국주의가 판칠 무렵, 60여 차례 전투에서 단 한 번도 패하지 않은 불패의 성검聖劍 미야모토 무사시를 소설화했다는 사실만으로도 니토베 이나조나 이노우에 테츠지로가 자연히 떠오르는 것은 무리한 상상이 아닐 것이다.

게다가 요시카와 에이지는 이 소설 중간중간 미야모토 무사시의 행적을 이상적으로 꾸며 시대가 요구하는 무사도가 무엇인지 언급했다. 소설 속 무사시도 "지금 세상에 '무사도'가 존재하는가. 무사들이 흥했던 오랜 시절부터 막연하게나마 무사도는 있었다. 그렇지만 그 역시 오래된 도덕처럼 여겨졌고 난세가 지속되는 사이에 도의는 무너지고 말았다"라고 탄식하며 지금은 "무사로 자처하는 이들 중 농부나 상인보다 못한 비열한 자들이 허다하다"라고 자책했다.[25] 그러면서 자신은 "작고 초라한 일개 인간이 어떻게 하면 그 생명을 준 자연과 융합하고 조화를 이뤄 천지 우주와 함께 호흡하고, 안심과 입명의 경지에 이를 수 있을지 없을지, 다다를 수 있는 곳까지 가보자. 그 완성에 뜻을 두고 정진하자"고 다짐했다.[26] 그러고는 보시로 살아가는 무사 수행자가 검만 수련해서는 치국의 길에 아무런 도움이 되지 않을뿐더러 세상과 동떨어져 살아가는 무골밖에 되지 못하리라는 것을 깨닫는다. 그래서 그는 제자와 치수와 개간 사업을 하면서 진정한 무도의 길을 찾는다. 그러나 거대한 자연의 힘 앞에서 섭리에 순응하며 살아야 함을 깨닫고는 이를 정치에도 적용할 수 있으리라 생각한다.[27]

무사시가 꿈꾼 진정한 무사란 결국 국가를 다스리는 자였고, 그러기 위해 자연의 순리를 따르고 자기 수양을 강조했다. 이는 유학의 수기치인修己治人을 연상케 하는 것으로 무사시는 진정한 무사도를 유학에서 찾았다. 그리고 함께 황무지를 개간한 제자에게 틈만 나면 학문을 하라 권하면서 『논어』를 가르친다. 인仁 혹은 덕德의 정치로 대표되는 유가의 정치관이 없던 과거 일본의 무사 사회에서 작가는 유가의 이상적 정치관으로 무사도를 포장한다. 이 소설의 주된 내용은 전쟁에 패한 하급 무사가 구도자의 길로 들면서 전국의 도장을 돌며 대결을 거쳐 최후의 승자가 되는 것이다. 하지만 명분도 없이 오로지 자신의 명예를 위해 살인을 저지르고 이 살인을 명예라는 이름으로 정당화한다.

이 소설 마지막 장면에서 무사시는 자신의 최대 대결 상대인 사사키 고지로佐ヶ木小次郎와 간류지마巖流島에서 결투를 벌인다. 그는 고지로를 베고 간류지마를 떠나면서 어떻게 자신보다 높은 경지에 있는 적인 사사키 고지로를 꺾을 수 있었는가라는 질문을 던진다. 이에 대해 요시카와는 "고지로가 믿던 것은 기술과 힘의 검이었고, 무사시가 믿은 것은 정신의 검이었다. 그 차이밖에 없었다"라고 답한다.[28] 고지로의 기술과 힘의 검을 서구 열강으로 볼 때 무사시의 정신의 검은 바로 무사도를 간직한 일본을 뜻한다.

만주사변 이후 대륙 침략을 본격화한 일본은 중일전쟁(1937)을 일으켰고, '국가총동원법'을 통과시켜 국민 통제를 강화하면서 '정신 동원' 캠페인을 전개했다. 게다가 《미야모토 무사시》의 이 마지막 에피

소드는 중국 남부 하이난 섬을 침략한 일본군과 노몬한에서 일본군과 소련군의 첫 충돌을 보도한 『아사히신문』의 기사와 동시에, 나란히 게재되어 독자에게 한층 강렬한 효과를 안겼다.[29] 요시카와는 《미야모토 무사시》를 통해 전장 속 생사에 직면할 수밖에 없는 젊은이들에게 무엇이 진정한 애국인지 가르치고, 애국이라는 이름으로 군국주의를 고취한 것이다. 이 소설 이후 연재한 《삼국지》에서 무사적 충의와 더불어 군국주의를 포장한 것은 당연한 수순이었다.

3

한용운의 삼국지,
식민지 조선인에 희망을 주다

三
國
志

    총동원 체제하, 요시카와 에이지《삼국지》가 『경성일보』에 일본어
로 연재되던 시기에, 한용운韓龍雲(1879~1944)도 『조선일보』에 1939년
11월 1일부터 1940년 8월 10일 폐간되기 직전까지《삼국지》를 연재
했다. 그는 주지하다시피 3·1 운동 민족대표 33인 중 한 사람으로
《님의 침묵》이란 시집으로 저항문학에 앞장섰다.

    1935년 4월 9일부터 1936년 2월 1일까지는 『조선일보』에《흑풍》이
라는 소설을 연재하기도 했다. 이 소설은 청나라 말 격동기를 배경으
로 혁명적 주인공의 활약상을 드러내고 혁명으로 말미암은 구국 의지

와 민족 계몽을 주제로 삼고 있다. 이러한 주제의식은 간접적으로 일제에 대항하는 민족의식을 일깨우고 독립 투쟁을 고취하려는 의도가 저변에 깔려 있다. 『조선일보』는 1935년 4월 2일자에서 《흑풍》 연재를 예고하며 "선생의 소설은 다른 소설과는 종류가 다릅니다. 좀 더 다른 의미로 읽어주시기 바랍니다"라고 기재했는데 여기서 다른 의미란 아마도 소설 속에서 만들어진 민족의식일 것이다.

『조선일보』에 실린 한용운《삼국지》연재광고

영웅을 갈망하는 마음으로

《흑풍》 이후 『조선일보』에 《삼국지》를 연재한 의도에도 민족의식이 내재했을 것이다. 소설을 싣기 전 『조선일보』는 "천하의 걸작 《삼국지》를 이 분야에서 권위 있는 한용운 씨가 번역하였습니다 天下奇書 三國志 斯界의 權威 韓龍雲氏譯筆"라는 광고와 함께 이 소설에 대한 '소개의 말'을 다음과 같이 붙였다.

《삼국지연의》는 중국에서도 사대기서 중 한 개로 지금으로부터 일천칠백 년 전 위·오·촉 세 나라가 정립하여 패권을 다투던 역사상 드물게 볼 복잡 미묘한 국정國情을 중심으로 하고 있다. 이 책에는 전쟁이 있고, 외교가 있고, 음모가 있고, 기략이 있다. 명장이 있으면 모사가 나오고, 쾌한 협사, 소인, 간신, 미인, 호걸 할 것 없이 수천을 헤아리는 등장인물과 아울러 충절과 배신과 의협과 권모와 눈물과 웃음을 얽고 짠 사바娑婆의 축도이다. 그리고 동시에 세계적 대역사소설로서 동서에 대전란이 벌어져 유사 이래 큰 세란世亂을 당면한 현대에 비추어 비교가 되고 해석이 되고 참고가 되고 흥미가 되는 절호한 문적文籍으로 다시 한 번 세상에 추천하는 바이다.[30]

이처럼 한용운《삼국지》의 소개자는 역사소설에 든 복잡 미묘한 국정 중심의 전쟁 이야기를 당시 상황에 비추어 비교하고, 해석하고, 참고하라고 독려하고 있다. 그리고 한용운 또한 "현대의 조선 사람들로 하여금《삼국지》를 한 번씩 읽도록 한다는 것은 다만 재미있는 소설 한 편을 소개한다는 좁은 범위가 아니라 실로 귀중한 한 개의 사업으로 지목할 수 있을 것이다. 소설이라면 으레 속된 남녀 관계 범위를 벗어나지 못하는 요즘 세상에 있어서 한결 더 그 뜻이 무겁다고 생각된다"라면서 자신이 연재하는《삼국지》에 대해 말하였다.[31]

중일전쟁 시기 전시 동원 체제를 법률로서 성립한 일제는 국민에게 정보 통제, 전쟁 의지 고양, 전쟁 협력 자세 강화 등을 유도하기 위하여 신문의 정리 및 통합을 단행했다. 그러므로 이 시기에 《삼국지》는 한용운의 말처럼 재미있는 소설 한 편을 소개한다는 좁은 의미는 분명 아니었을 것이다. 요시카와가 전시체제하에서 중국 이해와 전쟁 독려를 저변에 두었다면 한용운은 《삼국지》로 영웅을 갈망하는 식민지 조선인의 염원과 민족주의를 결합해 조선인의 마음을 다독였다. 그리고 이것이 그가 말하는 '귀중한 한 개의 사업'이었을 것이다. 그래서 그는 『조선일보』 강제 폐간에 울분을 느끼며, '신문이 폐간되다'라는 한시를 쓴다.

붓이 꺾이고 먹이 날려 대낮에 쉬는	絶筆墨飛白日休
재갈 물린 사람들이 흩어진	銜枚人散古城秋
오래된 성의 가을날	
한강물도 울음을 삼켜 흐느끼는 건	漢江之水亦嗚咽
벼루에 들어가지 못하고	不入硯池向海流
바다로 흘러가기 때문이라네.[32]	

물론 이 시는 당시 민족지라 부르던 『조선일보』 폐간에 대한 그의 소회이다. 하지만 폐간 직전까지 《삼국지》를 연재하던 그에게 신문의 강제 폐간은 실로 귀중한 사업을 중단하는 일임에 틀림없었다.

위안, 민족, 항일의 삼박자

전시체제하 일제는 신문 폐간의 이유로 물자 절약을 내세웠다. 하지만 숨은 뜻은 『조선일보』와 『동아일보』가 가진 조선인들에 대한 영향력을 완전히 배제하고, 『매일신보』를 통해 조선어 신문을 장악하려는 것이었다. 아직까지 저조한 일본어 보급 실적 속에서 조선인의 여론을 일본 측에 유리한 방향으로 유도하고, 조선인의 사상과 정보를 통제하는 가장 유효한 방법으로 강구된 것이었다.[33] 당시 일제가 제기한 내선일체는 조선인을 황국신민으로 만드는 것이었는데, 아래 글에서 보듯이 한글 신문이 이를 저해하고 있었다. 게다가 기사 내용보다는 이 두 신문이 갖는 '민족지'로서 상징성이 자신들 문화 공작의 지도 정신에 반하는 것이라 여겨 폐간이라는 특단의 조치를 내린 듯하다.

> 조선통치의 기본적 지도 정신은 내선일체의 심화, 다른 말로 하면 조선인의 황국신민화에 있다. 하지만 그 완성은 본질적으로는 지금 조선인이 지닌 민족의식의 저류低流에 의해, 형식적으로는 『조선일보』, 『동아일보』의 존재에 의해 저해되고 있다.[34]

일제가 내선일체를 내세워 언론을 장악하려던 시기 연재된 한용운의 《삼국지》는 내용은 차치하더라도 한용운과 『조선일보』라는 상징성만으로도 핍박받는 조선인을 위로하기에 충분했다. 게다가 촉한에 대한 동정적 시각은 정통론과 함께 민족주의의 표상으로 대두되었기에《삼국지》를 통한 민족의식 고취 또한 가능했을 것이다.

촉한 정통론에 민족주의적 사고방식이 스며든 것은 남송 주희가 쓴
『통감강목』에서부터이다. 중국은 남북조 시대 이후 북방 유목민의 남
침에 괴로움을 겪었으며 요·금·원·청 이른바 정복왕조가 중국을 영
유하였기 때문에 이민족의 침입과 지배가 중국인의 민족주의적 감정
을 자극했다. 따라서 전쟁에서는 비록 패해 한나라를 잇지 못했지만
언제나 마음속으로 한나라를 정통으로 한 촉한이 한나라를 이었으면
하는 동정적 시각은 계속될 수 있었다. 주희의 『통감강목』에 맞추어
《삼국지》에 이 점을 덧붙여 바로잡았다는 《모종강평본》은 이민족 침
입에 괴로움을 겪던 중국인의 마음을 헤아리기에 충분했다. 그리고
이러한 정통론은 중국인뿐 아니라 침략당한 민족의 마음을 헤아려주
었다. 따라서 다음 인용문과 같이 《모종강평본》을 저본으로 한 한용
운의 《삼국지》는 식민지 조선인에게 위안과 민족의식을 심어주었을
것이다.

> 천하의 큰 형세가 나뉜 지가 오래면 모이고, 모인 지가 오래면 나뉘
> 는 것이다. 주나라 끝에 일곱 나라가 서로 다투다가 아울러 진나라
> 에 들어가고 진나라가 망한 뒤에 초나라와 한나라가 다투다가 마침
> 내 한나라로 들어갔다. 한나라는 고조가 천하를 통일한 뒤에 광무가
> 중흥하고 헌제에 이르러서 세 나라로 나뉘었으니 그 어지러운 근원
> 을 찾아보면 실로 환제와 영제 두 임금에서 비롯한 것이다.[35]

비록 촉한처럼 나라는 없어졌으나 유비를 비롯한 여러 장수를 동정적 그리고 영웅적 시각에서 묘사한 《삼국지》의 주제가 식민지 조선인의 감정에 이입되면서 그들을 위로해주었다. 유비가 목숨 걸고 지키려던 촉한 정통성을 통해 민족의식도 함께 배양되었다. 게다가 조조를 간웅으로 묘사하는 대표적 이야기인 여백사를 죽이는 장면 또한 《모종강평본》을 그대로 따라 촉한 정통론을 강조했다.

> 조조가 칼로 여백사를 쳐서 말 아래에 내려뜨리니 진궁이 크게 놀라,
> "아까도 일을 그르쳤거늘 지금 또 무슨 짓이냐?"
> 하니 조조가 말하되,
> "여백사가 집에 가 여러 사람 죽인 것을 보면 어찌 그대로 있으리오. 여러 사람을 데리고 쫓아오면 반드시 그 화를 입을 것이라."
> "알고서 짐짓 죽이는 것은 크게 의롭지 못하다."
> "차라리 내가 천하 사람을 저버릴지언정 천하 사람으로 나를 저버리게 하지는 못하리라."
> 하니 진궁이 말이 없다.[36]

이러한 묘사는 기존 《삼국지》와 같이 특별히 새롭지 않지만, 식민지 조선인이 쓰고 읽는 소설임을 감안한다면 그 의미는 새로워질 수 있다. 예컨대, 한나라의 어린 황제를 겁박해 나라를 빼앗은 조조는 일본 제국주의의 상징이고, 한나라의 정통이면서 어진 정사를 베풀고자

했지만 패한 유비는 식민지 조선을 상징한다. 이러한 구도로 보면 조조를 악인으로 묘사하는 것만으로도 저항의식의 발로가 된다. 일제 강점기 한용운의 《삼국지》는 영웅을 갈망하는 식민지 조선인의 염원과 민족의식에 항일의식까지 심어주는 텍스트가 될 수 있었다.

과거의 삼국지를 몰아내다

4

三
國
志

조선 후기 이미 한글로 번역되어 필사·방각본 형태로 유통되었고, 근대 초기 구활자본을 거쳐 양백화와 한용운의 신문 연재 그리고 박태원이 1941년 4월부터 『신세계』에 연재하기까지 숱한 《삼국지》가 한글로 번역되고 읽혔다. 그럼에도 불구하고 1950년대부터 이문열 《삼국지》가 나온 1988년까지 우리나라에서 주로 번역된 판본은 《주왈교본》도 《모종강평본》도 아닌 요시카와 《삼국지》라는 것은 매우 이례적이다.

물론 『신세계』에 연재한 박태원 《삼국지》가 1950년 정음사에서 나온 이후, 곧바로 최영해가 박태원 《삼국지》를 다시 출판했고 이후 김동성, 박종화, 김구용, 김동리 등이 《모종강평본》을 현대어로 번역한 책들이 출판되기도 했다. 하지만 요시카와 《삼국지》는 1952년 서인국을 시작으로 방기환 그리고 서인국이 번역한 책을 다시 김동리·황순원·허윤석의 이름으로 출판했으며 이후 이용호, 김해철, 양주동, 정비석 등 《모종강평본》을 번역한 작품보다 배 이상 많이 번역되어 축약과 재해석을 거쳐 간행되었다. 우리나라에서 유통되던 《삼국지》 중 가장 영향력 있는 작품으로 자리매김했다.[37]

초점화된 시선

요시카와 《삼국지》의 유행 이유로 가장 먼저 꼽을 수 있는 것은 단언컨대 '가독성'이다. 단순히 어려운 한문 투 문장을 쉬운 말로 고쳐 썼다는 의미만은 아니다. 이제 더 이상 《모종강평본》 같은 전통 서사가 주는 난삽한 소설은 읽을 수 없게 된 것이다. 이는 근대 교육이 사람들의 인식을 바꾼 결과로, 가라타니 고진은 『일본근대문학의 기원』에서 그 원인을 원근법에서 찾았다.

근대 이전의 일본 회화에는 어딘가 '깊이감'이 결여되어 있다. 바꾸어 말하면, 원근법이 결여된 것처럼 보인다. 하지만 우리가 이미 익숙해졌기 때문에 '자연'스럽게 보이는 이 원근법은 원래 자연적인 것은 아니다. …… 같은 말을 문학에서도 할 수 있다. 우리가 '깊이'를 느끼는 것은 현실·지각·의식에 의해서가 아니라 근대 문학의 원근법적 배치에 의한 것이다. 우리는 근대 문학의 배치의 변용이라는 사실을 깨닫지 못하고 있기 때문에, 그것을 '생'이나 '내면'의 심화로 보게 된 것이다. 근대 이전의 문학에 '깊이'가 결여되어 있다는 것은 그들이 깊이를 모른다는 것이 아니라 '깊이'를 느끼도록 하는 배치를 소유하고 있지 않음을 나타낼 뿐이다.[38]

《모종강평본》 같은 근대 이전 《삼국지》가 근·현대 독자에게 어려운 이유는 가라타니 고진의 말처럼 '깊이감' 즉 지금 우리에게는 너무도 익숙한 '원근법'이 결여되어 있기 때문이다. 아무리 영웅들의 활극을 멋지게 그렸다 해도 이미 근대적 시선을 가진 독자의 몰입도는 떨어질 수밖에 없었다. 곧 재미있는 이야기가 어려워진 것이다. 예를 들어 요시카와 《삼국지》가 연재되던 시기 함께 연재된 한용운 《삼국지》는 비록 한문 어투가 주는 난해함은 극복했지만 구성은 《모종강평본》을 그대로 따르고 있어 이 이야기를 했다가 저 이야기를 하는 느낌이 들어 혼란을 더했다. 이는 같은 제목의 챕터章에서도 시간과 공간의 연속성이 해체되어 있고, 시점이 너무 다양해서 빚어진 것이다. 그러나 요시카와 《삼국지》는 단일한 시점 즉 원근법으로 서술해 깊이감을 더했다.

원근법에 근거한 회화는 화면을 보는 우리 쪽 방향으로 풍경이 연속적으로 확산되어, 그림에서 소재가 무엇이든 간에 그 속으로 들어갈 수 있는 것처럼 착각에 빠진다. 하지만 원근법이 불안정하면 그 느낌이 훼손된다. 문학도 마찬가지다. 감정 이입이 되지 않는 것은 자기 이야기가 없어서가 아니라 원근법이 결여됐기 때문이다. 즉,《삼국지》가 재미없어진 것이 아니라 인식의 변화로 인한 서사 배치에 문제가 생긴 것이다. 예컨대 하나의 챕터에서 너무 많은 '차설' 혹은 '각설'로 연결되는 화제 전환은 소설을 어렵게 만들 뿐 아니라 가독성을 현저히 떨어뜨린다.

요시카와 에이지는 이 점을 간파했던 듯하다. 그는 간역이나 초략을 굳이 하지 않고 장편 집필에 적당한 신문소설에서 이것을 시도했다 하였는데, 이것이 꼭 서구의 소설 창작 기법이라 말할 순 없지만 적어도 하나의 소실점으로 근대적 시선을 가진 독자를 자극했음에는 틀림없다. 다시 말해 '차설' 혹은 '각설' 대신 챕터를 더욱 세분화하고 소제목을 붙여 독자의 이해를 더한 것은 물론《삼국지》구성 자체에 변형을 주어 가독성을 높였다. 비록 전지적 작가 시점이긴 하지만 모든 사건을 주요 인물 중심으로 전개하는 '초점화'를 통해 전근대 소설이 주는 난삽함을 없앴다.

예를 들어 전반부에 나오는 황건의 무리에 대한 묘사를 기존에는 작가가 후한의 상황을 그리는 과정에서 "마침내 천하 백성은 반란할 생각을 품게 되고, 도둑들이 벌 떼처럼 일어났다. 이때 거록군에 형제 세 사람이 살았으니 맏이는 이름이 장각이요, 둘째는 장보요, 막내는 장양이었다"로 설명하고 있다. 소설이 아니라 마치 역사서를 읽는 느낌이 들어 매우 지루하다. 하지만 요시카와 《삼국지》는 유비를 사로잡은 황건 일당 중 마원의라는 자가 유비를 무리에 끌어들이기 위해 설득하는 과정 중에 그린다. 이야기 전개도 자연스러울 뿐 아니라 이야기에 빠져들게 한다.

> 마원의는 공명에 불타기 쉬운 청년의 마음을 돋울 셈으로, 당시 황건 일당의 세력이라든지, 세상의 장래를 길게 설명하기 시작했다.
>
> "좁은 눈으로 보고 있는 놈들은 우리가 양민을 들들 볶는 줄로만 생각하지만, 우리 총대장 장각 님을 신처럼 숭상하는 지방도 상당히 있다."
>
> 그렇게 전제하고 나서 먼저 황건 일당의 기원을 설명하는 것이었다.
>
> "지금부터 10년쯤 전이다. 거록군 사람으로 장각이라는 무명의 선비가 있었다."[39]

이렇게 '초점화'된 시선으로 이야기를 전개하여 독자는 작가의 눈을 통해 보는 것이 아니라 등장인물의 시선에 따라 사건을 인식해 이야기에 몰입할 수 있게 되었다. 이것이 바로 근대 소설의 특징 중 하나일 것이다. 『신세계』에 《삼국지》를 연재한 박태원이 쓴 《소설가 구보 씨의 일일》과 같은 모더니즘 소설은 이러한 '초점화'된 시선으로 이야기가 전개된다. 그런데 스케치하듯 표현된 서울 풍경과 이 풍경에 따라 만들어진 주인공의 내면이 중첩되면서 만들어진 혼란은 어딘지 모르게 전근대 《삼국지》에서 나타난 서사의 혼란과 비슷하다. 구보의 의식 흐름에 따라 전개된 소설이 근대 서구의 소설 기법에 의한 것이라고는 하나 양백화에게 한학을 배운 박태원에게는 낯설지 않았을지도 모른다.

싱글 퍼스펙티브 vs. 멀티플 퍼스펙티브

초점화된 서사 기법은 펼쳐지는 행위자와 풍경을 독자가 직접 보는 듯한 착각을 불러일으켰다. 독자는 책을 읽으면서 자신이 주인공이 된 것 같은 경험을 하게 되었으며, 주인공의 감정에 같이 몰입하게 되었다. 다음은 유비가 어머니께 드릴 차를 사 가지고 오다가 황건 일당에게 잡혀 그들과 함께 길을 가면서 도망칠 기회를 엿보는 장면이다. 그런데 괄호 안 유비의 독백 뒤 작가가 묘사한 주변 경관이 마치 유비가 직접 보는 것처럼 그려져 유비의 내면까지도 알 수 있게 한다.

(어쨌든 고분고분한 척하는 것이 좋겠다. 그동안에 도망칠 기회가 있겠지.)

유비는 도적의 짐을 메고 묵묵히 나귀와 반월창 사이에 끼이어 걷고 있었다. 언덕과 강과 벌판뿐인 길을 꼬박 나흘이나 쉬지 않고 걸었다. 다행히 비가 오지 않는 날이 계속됐다. 끝없이 푸르기만 한 하늘, 구름 한 점도 없는 가을이었다. 홀쭉하게 긴 수수 이삭에 이따금 나귀도 사람의 키도 다 묻혀버린다.

"아—"

따분한 여행에 지친 마원의가 크게 하품을 했다. 감흥도 나른한 듯 꾸벅꾸벅 졸면서 건성으로 발을 놀리고 있었다.

그럴 때 유비는 문득,

"—지금이다."[40]

이는 단순히 주변 경치를 설명하는 데에서 그친 전근대적 글쓰기와는 확연히 다른 느낌을 준다. 전근대 텍스트에서 묘사된 경관은 구체적 풍경이 떠오르지 않으며, 대상을 그리는 작자의 심리도 느껴지지 않고, 작가의 시선과 인물의 시선이 달라 혼란을 가중시켰다. 그런데 요시카와 에이지가 묘사한 위의 경관은 주인공의 내면과 함께 구체적 상황이 떠오른다. 이렇게 묘사된 경관을 '풍경'이라 하는데 가라타니 고진은 '풍경의 발견'이 이루어진 시점을 일본 근대 문학의 기원으로 보고, 이는 메이지 20년(1887) 전후에 있었던 근대적 제도 확립이 언어 차원, 즉 새로운 언=문(언문일치)의 창출에서 나타난 것이라 말한다.[41]

'풍경'이라는 말은 분명히 주변 '경관'이나 '경치'와 구별되는 말로 이케다 야사부로池田弥三郎는 "풍경은 조망되는 자연 측에 존재하는 것이 아니라, 조망하는 인간 측에 존재하는 것이다. 조망하는 인간이 없다면 풍경은 존재하지 않는다"라면서 일본인에게는 적어도 일본 문학이 일본 풍경을 선행한다고 하였다.[42] 다시 말해 '풍경'이란 우리 외부에 실재하는 것이 아니라, 우리 의식에서 만들어진 역사적 산물이며, 선원근법의 도입에 의해 발견된 근대적 산물이라는 것이다. 원근법적 공간은 단일한 시점하에 '보는' 행위로 비로소 구성되며, 이는 '타자'의 시선과 시야가 자기 것으로 상정되고 이해될 때 만들어진다. 재일조선인 2세로 태어난 문예비평가 이효덕은 『표상 공간의 근대』에서 근대 소설에 대해 다음과 같이 말하고 있다.

> 근대(소설) 언어, 즉 언문일치체에서 이 사태는 더욱 두드러진다. 고모리 요이치가 말하듯이 근대 소설의 "독자가 '시점 묘사'에 촉발되어 어떤 풍경을 의식 속에서 재구성하고 통합된 공간적 상을 상상하는 것이, 바로 그것을 보고 있던 작중인물의 의식이나 감정의 특정적 운동 방식을 추체험하고 기억을 재통합함으로써 인물의 어떤 통합된 상과 맞닥뜨리게 되는 것이기도 하다"면 그때 작중인물과 독자는 이미 상호 반전 가능한 존재로 (독자에게는) 포착되고 있다는 점이 전제된 것이다. 그러나 (오늘날 우리가 상상하기는 어렵지만) 근대 소설이 나타나기 전에는 일본의 모노가타리 문학에서 이렇게 작중인물의 시점과 독자의 시점이 겹치는 일은 없었다. 예를 들어 그것은 '풍경'이라는 말이 메이지 중반까지는 명승고적의 경관을 가리키는 데 불과했다는 사태를 이해하기 어려운 것과 비슷하다.[43]

따라서 전근대 《삼국지》에는 주변 경관 묘사가 거의 없을뿐더러 있다 하더라도 작중인물의 시점과 독자의 시점이 겹치지 않아 서로 별개의 것으로 인식되었다. 이는 비단 주변 경관만의 문제가 아니라 사건 전체가 모두 개별적으로 다가오기 때문에 독자와 작품 사이에 거리감이 생길 수밖에 없었고 자연히 사실감도 떨어질 수밖에 없었다. 더욱이 전근대 텍스트에서 풍경이란 작품의 이해를 돕기 위한 장치가 아니라 그저 명승고적을 묘사해서 작품의 품격을 높이기 위한 수단이었다.

그렇다고 전근대 텍스트에 사실감 즉 리얼리티가 없었다는 말은 아니다. 우리가 서구 원근법에 길들여져 느낄 수 없는 그 시대만의 리얼리티가 있었다. 예컨대 다음 그림과 사진은 조선 후기 진경산수화라는 화풍을 개척한 정선이 그린 〈수성동도水聲洞圖〉와 이 그림을 보고 복원한 수성동 계곡 실제 모습이다. 정선의 그림은 서구 원근법에 따른 것이 아닌데도 불구하고 묘하게 실제 모습과 똑같은 느낌을 준다. 물론 우리에게는 익숙지 않지만 분명 당시 감각으로는 있는 그대로의 모습을 그린 것임에 틀림없다. 우리에게 어색한 이유는 다만 사실감을 느끼는 감각이 변했기 때문이다.

그도 그럴 것이 동양 회화에는 전혀 다른 형태의 원근법이 있었다. 이른바 '역원근법'이다. 우리가 일반적으로 아는 서구 원근법은 '선원근법'으로, 그림을 보는 사람을 기준으로 가까운 물체는 크게, 멀리 있는 물체는 작게 그리는 것을 말한다. 그런데 역원근법은 말 그대로

정선의 〈수성동도〉와 현재 수성동 계곡

정반대다. 전통적으로 동양에서는 상대방의 시선, 혹은 제3의 시선이
더 중요했다. 역원근법은 지금 그림을 보고 있는 사람의 반대편의 시
선에서 그림을 그린 것이다. 따라서 그림을 보는 사람과 가까울수록
작게, 멀리 있을수록 크게 그린다.[44]

또한 동양 회화는 그림을 보는 사람의 시선이 한 방향으로만 정해
진 서구의 싱글 퍼스펙티브single perspective와 달리 그림을 보는 사람의
방향에 따라 시선이 달라지는 멀티플 퍼스펙티브multiple perspective로 그
림을 그렸다. 이것은 단순히 회화 기법의 차이가 아니라 인식론의 차

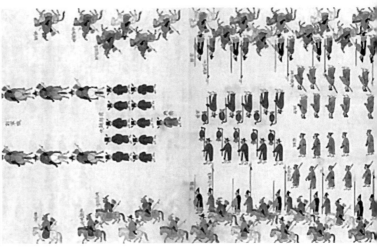

〈책가도〉와 〈영조정순왕후가례도감의궤〉

이로 《삼국지》 같은 소설에도 나타난다. 멀티플 퍼스펙티브로 써진 《삼국지》가 싱글 퍼스펙티브에 길들여진 독자에게는 난해할 수밖에 없었던 것이다.

서구 원근법은 세상을 보는 눈은 하나여야 한다는 것과 3차원 세상 은 소실점에서부터 떨어진 거리에 비례하여, 2차원 평면에 그대로 옮 길 수 있어야 한다는 전제에서 만들어졌다. 이는 곧 객관성과 합리성 의 시작을 알리는 것이었다. 하지만 이러한 객관성과 합리성을 만드 는 기준인 소실점은 철저하게 자의적이고 권력적이다. 제국주의 시대 서구 열강이 앞다투어 식민지 지배를 할 수 있었던 것도 모두 이러한 원근법에서 시작되었고, 요시카와 에이지가 《삼국지》를 통해 전쟁 참여를 독려할 수 있게 된 것도 어쩌면 중일전쟁이라는 소실점으로 《삼국지》를 재편집하는 과정에서 만들어진 결과이다. 한국전쟁 이후 이러한 자의적이고 권력적 소실점은 '애국'과 '반공'이라는 국가 이데올로기에 찍히면서 《삼국지》는 국가를 위해 헌신하는 유비 삼형제의 '애국'과 국가에 반하는 황건 무리를 물리치는 것을 통한 '반공'을 강조하면서 새롭게 편집되기도 했다.

로맨스와 모험, 합리성을 더하여

원근법 활용으로 가독성을 높인 것 외에도 요시카와 《삼국지》가 애독된 이유는 기존보다 더 재미있어졌기 때문이다. 아래 인용문처럼 근대 독자에게 기괴한 이야기나 권선징악 교훈은 가차 없는 비판의 대상이었고, 인물 설정이나 묘사에 있어서 상투성도 혹독한 비판을 받았다.

이전 소설이 "기괴한 이야기"나 "천박한 권선징악·비유담" 혹은 "인생 사회에는 잊지 못할 로—만쓰"였다면, 새로운 소설은 "인정의 본류"를 담아내는 "영의 소리"여야 했다. 기적에 가까운 사건이나 미로처럼 얽혀드는 서사, 권선징악의 교훈은 가차 없는 비판 대상이 되었으며, 인물 설정이나 묘사에서의 상투성 역시 혹독한 비판을 받았다. 소설은 이제 인물의 "개성 발휘", "심리와 동작과 언어", "사회에 대한 분투와 활동"을 여실하게 묘사하는 글쓰기가 되어야 했고, 무엇보다 "현실적"이어야 했다.[45]

요시카와 《삼국지》는 바로 이러한 근대 독자의 구미에 맞추어 각색되었다. 그 대표적 예가 시작 부분의 '차 사건으로 만들어진 모험'과 '홍부용과의 로맨스'다. 과거의 《삼국지》는 어떻게 하면 역사서에 가깝게 쓸 것인가를 고민했다면 요시카와는 어떻게 하면 소설에 가깝게 쓸 것인가를 고민했던 것 같다. 다음 인용문과 같은 로맨틱한 이야기는 과거 《삼국지》 어디에서도 찾아볼 수 없었다.

유회의 조카딸이라는 가인은 이윽고 곱게 달 아래 섰다. 부근에는 나무 그늘도 없고, 다만 넓은 잔디에 밤이슬이 보석을 뿌린 것처럼 빛나고 있었다. 그러자 배꽃의 샛길에서 또 한 사람의 모습이 불쑥 일어났다. 그것은 꽃 중에 숨어 있던 젊은 남성이었다.
"오, 현덕님."
"부용 낭자."
두 사람은 얼굴을 보고 함께 미소를 나눴다. 부용의 흰 이가 실로 아름다웠다.
둘은 서로 다가섰다.

"어떻게 나오실 수 있었습니까?"

현덕이 말한다.

"네."

부용은 바르르 고개를 숙인다.[46)]

　요시카와 《삼국지》의 로맨스와 모험은 근대 독자가 서구 소설을 통해 접했던 이야기와도 상통하는 것으로 시선을 끌기에 충분했다. 게다가 한국 근대 문학적 지식인은 고전소설로 유년기 독서 경험을 시작하고, 일본 작가의 작품으로 본격 문학 수업을 거쳐 서구 작가의 독자가 되는 전형적 과정을 거친 사람들이었다.[47)] 일반 독자가 꼭 이런 과정을 거치진 않았더라도 독서 취향에는 큰 차이가 없었을 것이다.

　게다가 요시카와 에이지는 근대적 문체와 세련된 인물 묘사 그리고 전근대 소설이 가지는 불필요한 우연 혹은 기이한 이야기 등을 제거하거나 여기에 자기 의견을 덧붙여 나름 합리성을 확보해 독자의 이해를 도왔다. 《삼국지》에서 가장 재미있는 '적벽대전'에서 제갈량이 주유에게 동남풍을 불게 할 수 있다고 제안하는 이야기를 《모종강평본》은 "이 제갈량이 비록 재주는 없으나, 일찍이 이인異人을 만나 기문둔갑의 천서天書를 전해 받은 일이 있어, 가히 비와 바람을 부를 수 있으니, 만일 동남풍이 필요하다면 남병산에 대 하나를 세워, 그 이름을 칠성단이라 하고, 높이 9척 3층을 쌓고, 120명으로 기와 번을 잡혀 둘러 세우시오. 그러면 내가 단에 올라가서 기도하여 3일 동안 밤낮없이 크게 동남풍을 빌어 도독을 돕겠으니, 뜻이 어떠하오?"라고 되어 있다.[48] 그리고 바로 밑에 "병病은 바람을 제거하는 것이 좋지만 지금은 도리어 바람으로 병을 다스리니, 3일 바람이 7년 된 쑥보다 낫다"라는 평 이외에는 별다른 주석이 없어 기이함을 자아낸다. 그러나 요시카와 에이지는 제갈량의 말 뒤에 설명을 덧붙여 기이함이 아닌 합리성을 꾀했다.

공명은 그에 대하여 이렇게 말하고 있다.

"옛날 소싯적에 비범한 사람을 만나 팔문둔갑의 천서를 전수받았습니다. 거기에는 풍백우사風伯雨師를 비는 비법이 쓰여 있습니다. 만일 지금 도독께서 동남풍을 바라신다면 제가 필생의 심혈을 기울여 그 천서에 따라 그 바람을 빌어보겠습니다."

하지만 이것은 공명의 마음속에서 스스로 자신하는 것이었다. 매년 겨울 11월이 되면 조류와 남방 기온의 관계로부터 때 아닌 남풍이 불어 하루 이틀 동안 겨울을 잊는 일이 있다. 그 변조를 후세의 천문학 용어로는 무역풍이라고 한다. 그런데 올해에는 아직 그 무역풍이 오지 않는다. 공명은 오랫동안 융중에 살고 있었으므로 해마다 기상에 세심한 주의를 기울이고 있었다. 한 해라도 아직 그것이 없었던 해는 없었다. 그래서 아무래도 올해도 이윽고 가까이 그 현상이 나타나리라 확신하고 있었던 것이다.[49]

제갈량이 칠성단에서 기도해 동남풍을 불게 했다는 이 기이한 일화
는 사실 팔문둔갑의 천서 때문이 아니라 오랫동안 융중에 살면서 경
험한 무역풍이라는 것이 요시카와 에이지의 설명이다. 물론 이러한
작가의 설명이 소설 몰입도를 떨어뜨린다고 할 수도 있겠지만 전근대
소설이 주는 신이성 혹은 기괴성을 탈피했다는 데에 더 큰 의미가 있
다. 근대 독자는 더 이상 확인되지 않는 기이한 이야기에 정신을 빼앗
기지 않았으며, 비현실적 이야기에 흥미를 느끼지 않았다. 이에 앞서
제갈량이 유비와 떨어져 오의 진영으로 들어가는 장면에서도 《모종강
평본》은 "동남풍이 불거든 이 제갈량이 돌아오는 줄로 아십시오" 하
고는 어떠한 설명도 없이 제갈량이 떠나 독자의 궁금증을 자아내게
했다. 하지만 요시카와 에이지는 이 장면에서도 "선생, 어떻게 지금부
터 동남풍이 부는 날을 압니까?"라고 묻는 유비의 질문에 "십 년을 융
중의 언덕에 사는 동안, 매년과 같이 봄이 가고 여름을 맞이하고 가을
을 보내고 겨울을 기다리면서 장강의 물과 하늘에 지나는 구름을 바
라보고 아침저녁으로 부는 바람을 헤아렸기에 그 정도의 관측은 거의
빗나가지 않을 정도로 예측은 합니다"[50]라고 하여 우연이나 도술이
아닌 합리적 전개를 만들었다.

또한 손권이 관우를 죽이고 형주와 양양 일대 땅을 모조리 차지한
뒤 큰 잔치를 벌이면서 관우를 사로잡는 데 혁혁한 공을 세운 여몽에
게 술을 따라주는 장면이 있는데 여기서도 합리성을 엿볼 수 있다. 여
몽이 두 손으로 술잔을 받아 마시려다 갑자기 술잔을 내던지며 손권

의 멱살을 움켜잡고 다음과 같이 말한다.

> "푸른 눈의 풋내기, 붉은 수염의 소인배야, 으스대는 소리는 그만
> 해라."
> 여몽은 고래고래 외치며 마구 욕설을 퍼부었다. 만좌의 사람들은 모
> 두 일어나 그의 주위에 몰려들어 다른 곳으로 데려가려고 했지만,
> 여몽은 무서운 힘으로 뿌리치고 놀라서 쩔쩔매는 사람들을 짓밟고,
> 결국에는 윗자리를 빼앗아버렸다. 그리고 귀신에 홀린 눈을 번뜩거
> 리며 통곡을 하듯이 말했다.
> "내가 전쟁터를 종횡하기 30년, 이제 네놈들의 속임수에 빠져 목숨
> 을 잃는다고 해도 반드시 영혼은 촉군의 위에 있어서 오를 멸망시키
> 고야 말겠다. 이렇게 말하는 나는 한수정후 관우다."
> 손권이나 여러 사람들은 모두 벌벌 떨면서 다른 전각으로 달아나버
> 렸다. 하지만 등불이 꺼지고 깜깜해진 거기에서 여몽은 나오지 않
> 았다.[51]

나중에 사람들이 가보니 여몽은 자신의 머리털을 움켜쥔 채 괴로워
하는 모습으로 죽어 있었다고 요시카와는 묘사했다. 기존《삼국지》에
서 여몽의 죽음은 이와 비슷하다. 다만, 여몽의 죽음을 묘사하는 장면
에서는 "여몽은 땅바닥에 나자빠지더니, 온몸의 일곱 구멍에서 피를
쏟으며 죽었다"며 관우 혼령에 대한 두려움과 경외감을 부여했다. 그

러나 요시카와는 이 장면 뒤에 "이것도 당시 항간에 떠돌던 이야기의 하나이다. 물론 진실과 거리가 먼 것은 말할 필요도 없다. 하지만 형주 점령 후에 얼마 되지 않아 여몽이 병으로 죽은 것만은 사실이었다"라고 기술하여 비현실성에 자신의 해석을 붙여 나름의 합리성을 더했다.[52] 게다가 "관우가 죽은 후에 갖가지 불가사의가 전해졌다. 그의 무인으로서 덕과 백성의 신망이 그것을 깊이 아쉬워하며 한탄하는 서민들의 입과 입으로 전해지고 어느 틈에 신비를 더하여 설화를 만들고 그것이 항간에 퍼진 것이다. 어쨌든 다양한 소문이 생겨났다"라고 관우 전설을 그저 사람들 사이 떠도는 이야기로 치부하여 불필요한 기이성을 삭제하고 전개의 합리성을 꾀하였다.[53] 이러한 합리성은 요시카와 《삼국지》 곳곳에 드러난다.

또한 주자학이라는 거대 담론이 깨지면서 근대 이후 더 이상 촉한을 정통으로 봐야 한다는 당위성도 사라지게 되었다. 일본은 이미 요시카와 이전부터 진행되었으며, 우리나라도 일제 강점기 《삼국지》를 통해 민족의식과 항일의식을 고취하던 시대가 지나자 촉한 정통에 큰 의미를 두지 않았다. 다시 말해 소설이 주는 교화적 성격이 이제 완전한 오락물로 바뀐 것이다. 이런 의미에서 요시카와 에이지가 조조를 호의적으로 묘사한 일은 재미를 해치지 않는다면 딱히 거부해야 할 것이 아니었다. 이렇게 해서 전근대 텍스트인 《삼국지》는 '가독성'과 '재미'를 갖춘 근대적 텍스트로 변하게 되었다.

1부 중국을 만든 책, 삼국지

1장 서막이 오르다

1 반고, 「예문지」, 『한서』.
2 유협, 「사전」, 『문심조룡』.
3 유지기, 「잡술」, 『사통』.
4 장대기, 〈삼국지통속연의서〉, 《삼국지통속연의》.
5 진계유, 〈당서지전서〉, 《당서지전》.
6 원굉도, 〈동서한통속연의서〉, 《동서한통속연의》.
7 왕양명, 『전습록』 하.
8 풍몽룡, 〈경세통언서〉, 《경세통언》.
9 모종강, 〈독삼국지법〉, 《모종강비평본제일재자서수상삼국지연의》.
10 사마천, 「공자세가」, 『사기』.
11 루쉰오핑, 조미원 외 옮김, 『역사에서 허구로』, 길, 2001, 98~99쪽.
12 이은봉, 『고전서당』, 동녘, 2013, 33쪽.
13 이수영, 『명랑 철학』, 동녘, 2011, 116~117쪽.

2장 책의 탄생과 촉한 정통론

1 유의경, 「가휼」, 『세설신어』.
2 김만중, 『서포만필』.

3 소동파, 『동파지림』.

4 시내암, 《수호전》(120회본), 제110회.

5 《全相平話武王伐紂書》,《全相平話樂毅圖齊七國春秋後集》,《全相秦併六國平話》, 《全相平話前漢書續集》,《新全相三國志平話》. 모두 일본 內閣文庫 소장.

6 노신, 『중국소설사략』.

7 《전상삼국지평화》.(정원기 역주,《삼국지평화》, 청양, 2000 참고.)

8 사조제, 『오잡조』.

9 장학성, 『병진차기』.

10 노신, 『중국소설사략』.

11 鄭振鐸은 「三國志演義的演化」(「三國志演義的演化」, 『中國文學研究』上, 作家 出版社, 1957.)에서 각기 다른 10종의 명대 판본을 검토한 뒤 가정임오본《삼국 지통속연의》와 비교하여 "이 많은 간본들이 나온 근원은 한곳이니, 모두《가정 본》을 저본으로 삼았다", "이 책들은 내용 면에서《가정본》과 크게 다르지 않으 며, 다른 부분이 있다 할지라도 단지 표면적인 데 있을 뿐 정문正文 같은 요긴한 곳은 아니다", "《삼국지연의》는《신편삼국지평화》→ 원우씨《삼국지평화》→ 가정본《삼국지통속연의》→ 여러 종류의《삼국지연의》판본이 출현하는 식의 변화 과정을 거쳤다"라고 하였다.(정원기, 『최근《삼국지연의》연구동향』, 중 문, 1998, 125~126쪽, 재인용.) 이후 이러한 견해를 정론으로 받아들인 경향들 은 陳鐵民(「《三國演義》成書年代考」, 『文學遺産增刊15輯』, 1980.), 劉友竹(「《三 國志通俗演義》是元代作品」, 『三國演義研究輯』, 四川省社會科學院出版社, 1983.), 譚洛非(「努力開倉《三國演義》硏究的新局面」, 『三國演義學刊』1, 四川 省社會科學院出版社, 1985.) 등의 글에서 찾을 수 있다.

12 金文京 外, 『花關索傳の研究』, 汲古書院, 1989., 김문경, 『삼국지의 영광』, 사계 절, 2002, 253~272쪽.

13 中川諭, 「《三國志演義》版本研究 ─ 毛宗崗本的成書過程」, 『三國演義叢考』, 北 京大學出版社, 1995, 103~127쪽.

14 기윤, 『사고전서총목제요』.

15 주희, 「통감강목조」, 『주자어류』.

2부 조선을 뒤흔든 책, 삼국지

3장 선조들은 어떻게 읽었을까

1 『세종실록』, 세종 5년 6월 23일.

2 『선조실록』, 선조 2년 6월 20일.

3 유탁일, 「《삼국지통속연의》의 전래판본과 시기」, 『국어국문학논총: 벽사이우성 선생정년퇴직기념』, 여강출판사, 1990, 771쪽.

4 劉世德, 「《三國志演義》朝鮮飜刻本試論」, 『文學遺産』, 第1期, 2010, 77쪽.

5 박재연, 「새로 발굴된 조선활자본 《삼국지통속연의》에 대하여」, 『중국어문논 총』, 중국어문연구회, 2010.

6 남권희, 「목판과 활자 인쇄를 통해 본 전통시대 지식과 정보의 소통」, 『사회과 학 담론과 정책』 제6권 1호, 경북대학교사회과학연구소, 2013, 153쪽.

7 강명관, 『조선시대 책과 지식의 역사』, 천년의상상, 2014, 230~235쪽.

8 『선조실록』, 선조 2년 6월 20일.

9 진수, '장비전', 「촉서」, 『삼국지』.

10 이식, 「잡저」, 『택당선생집』 별집.

11 루샤오펑, 조미원 외 옮김, 『역사에서 허구로』, 길, 2001, 75쪽.

12 김만중, 『서포만필』.

13 김만중, 『서포만필』.

14 이긍익, '제사', 「사전전고」, 『연려실기술』 별집.

15 허균, 「칙건현령관왕묘비」, 『성소부부고』.

16 『영조실록』, 영조 37년 12월 13일.

17 박지원, 「영처고서」, 『연암집』.

18 劉世德, 「《三國志演義》周日校刊本四種試論」, 『文學遺産』, 第5期, 2002.

19 박재연, 「조선각본 《신간고본대자음석삼국지전통속연의》에 대하여」, 『중국어 문학지』 27, 중국어문학회, 2008.

20 허태용, 「17세기 말~18세기 초 존주론의 강화와 《삼국지연의》의 유행」, 『한국

사학보』 15, 고려사학회, 2003.

21 안정복, 『순암잡록』.

22 이덕무, 「아정유고」, 『청장관전서』.

23 이익, '삼국연의', 「인사문」, 『성호사설』.

4장 온 나라가 빠져들다

1 第一 鳳儀亭呂布戲貂蟬(16則 / 240則), 第二 關雲長千里獨行(53則), 第三 諸葛亮 智激孫權(86則), 第四 諸葛亮計伏周瑜(91則), 第五 黃蓋獻計破曹操(91則), 第六 闞澤密獻詐降書(93則), 第七 龐統進獻連環計(94則), 第八 曹孟德橫槊賦詩(95 則), 第九 關雲長義釋曹操(100則), 第十 錦囊計趙雲救主(109則).

2 《삼국지》의 만주어 번역은 1650년(順治 7) 刻本의 滿文本과 간년 미상의 滿漢 合璧本의 두 종류가 있는데, 만문의 철자와 어구로 미루어 「三譯總解序」에서 '取淸書三國志相與辨難作爲三譯總解十卷'이라고 언급된 저본은 순치 7년 刻本 의 滿文本으로 간주된다.(고동호, 「三譯總解 해제」, 서울대학교 규장각한국학 연구원http://e-kyujanggak.snu.ac.kr)

3 조태억, 「언서서주연의발」, 『겸재집』.

4 권섭, 「잡저」, 『옥소고』.

5 장효현, 『한국고전소설사연구』, 고려대학교출판부, 2002, 7쪽.

6 정민, 『정민 선생님이 들려주는 한시 이야기』, 보림, 2002, 171쪽에서 재인용.

7 민익수, 「이부인행록」, 『여흥민씨가승기략』 4.

8 송명흠, 「황고묵옹부군유사」, 『역천집』 18.

9 광주 이씨, 〈필사기〉, 《국도관 17책본》.

10 유만주, 『흠영』.

11 김수영, 「효종의 《삼국지연의》 독서와 번역」, 『국문학연구』 32, 국문학회, 2015.

12 심익운, 「인선왕후어서언서삼국연의발」, 『백일집』.

13 『승정원일기』, 영조 34년 12월 19일.

14 정병설, 「사도세자가 명해서 만든 화첩: 『중국소설회모본』」, 『문헌과 해석』 47,

태학사, 2009.

15 〈양보음〉, 《주왈교본》.

16 《낙선재 39책본》.

17 천정환, 『근대의 책 읽기』, 푸른역사, 2003, 79쪽.

18 구수훈, 『이순록』.

19 조수삼, 「기이」, 『추재집』 7.

20 『정조실록』, 정조 14년 8월 10일.

21 심노숭, 「남천일록」 1802년 11월 8일, 『효전산고』.

22 심노숭, 「남천일록」 1802년 11월 22일, 『효전산고』.

23 이옥, 「언패」, 『봉성문여』.

24 채제공, 「여사서서」, 『번암집』.

25 이덕무, 「사소절」, 『청장관전서』.

26 김영진, 「조선 후기 서적 출판과 유통에 관한 일 고찰」, 『동양한문학연구』 30,
   동양한문학회, 2010, 14~15쪽.

27 『영조실록』, 영조 6년 8월 30일.

28 정조, 「일득록」, 『홍재전서』.

29 정약용, 「문체책」, 『다산시문집』.

30 《삼국지》(경판 3권본), 《景印古小說板刻本全集》 1, 《삼국지》(경판 5권본), 《景
   印古小說板刻本全集》 4.

31 《삼국지》 권지삼, 3쪽.

32 《삼국지》 권지삼, 33~34쪽.

33 《삼국지》 권지삼, 46~47쪽.

34 《삼국지》 권지삼, 54~55쪽.

35 《공명선생실기》, 영남대도서관.

36 양시위, 『제갈충무서』, 文淵閣四庫全書 電子版.

37 《공명선생실기》, 8a~8b쪽.

38 《공명선생실기》, 12a~12b쪽.

39 《공명선생실기》, 15a쪽.

40 《도원결의록》,《景印古小說板刻本全集》4.

41 《도원결의록》, 9쪽.

42 김문경, 『삼국지의 영광』, 사계절, 2002, 78쪽.

3부 일본을 사로잡은 책, 삼국지

5장 주자학과 더불어 유행의 기틀을 마련하다

1 大木康,「江戸と同時代としての明末」,『明末のはぐれ知識人 ― 馮夢龍と蘇州文化』, 講談社, 1995.

2 田中尙子,「《通俗三國志》試論」,『三國志享受史論考』, 及古書院, 2007, 173~174쪽.

3 오오키 야스시, 노경희 옮김, 『명 말 강남의 출판문화』, 소명, 2007, 55~60쪽.

4 김문경, 『삼국지의 영광』, 사계절, 2002, 200~201쪽.

5 林羅山,「源將軍尊氏」,『林羅山文集』卷25.

6 미나모토 료엔, 박규태・이용수 옮김, 『도쿠가와 시대의 철학사상』, 예문서원, 2000, 30~40쪽.

7 고토 야스시 외, 이남희 옮김,「3장 막번제 시기의 천황과 막부」,『천황의 나라 일본』, 예문서원, 2006, 110~128쪽.

8 中江藤樹,『翁問答』.

6장 일본식 삼국지 출현과 무사도 정신

1 고난분잔,〈통속삼국지서〉,《통속삼국지》.

2 고난분잔,〈통속삼국지서〉,《통속삼국지》.

3 고난분잔,〈통속삼국지혹문〉,《통속삼국지》.

4 고난분잔,〈통속삼국지혹문〉,《통속삼국지》.

5 田中大觀,『大觀隨筆』.

6 田中尙子, 「《通俗三國志》試論」, 『三國志享受史論考』, 汲古書院, 2007, 195~210쪽.

7 『정조실록』, 정조 21년 윤6월 7일.

8 김문경, 『삼국지의 영광』, 사계절, 2002, 246쪽.

9 近松門左衛門, 「國成爺後日合戰」, 『近松全集』 10, 岩波書店, 1989.

10 《모종강평본》 제4회.(陳曦鐘 外 輯校, 《三國演義》 會評本 上·下, 北京大學出版社, 김구용 옮김, 《三國志演義》 1~10, 솔, 2003 참고.)

11 《모종강평본》 제58회.

12 竹戰出雲, 〈諸葛孔明鼎軍談〉, 《竹本座淨瑠璃集》 1, 株式會社國書刊行會, 1988.

13 梁蘊嫻, 「《諸葛孔明鼎軍談〉における《三國志演義》の受容とその研容」, 『比較文學研究』, 東大比較文學會, 2004, 64~65쪽.

14 內山美樹子, 『淨瑠璃史の十八世紀』, 勉誠出版, 1989.

15 구태훈, 『일본 무사도』, 태학사, 2005, 189~193쪽.

16 와타나베 히로시, 박홍규 옮김, 『주자학과 근세일본사회』, 예문서원, 2007, 87~98쪽.

4부 근대 한·일 삼국지 활용법

7장 두 나라의 입맛에 맞도록 바꾸다

1 김기진, 「대중소설론」, 『동아일보』, 1929. 4. 14.

2 천정환, 『근대의 책 읽기』, 푸른역사, 2003, 172쪽.

3 김기림, 「신문소설 '올림픽' 時代」, 『삼천리』, 1933. 1.

4 김기진, 「신문장편소설시감」, 『삼천리』, 1934. 5.

5 월탄 박종화, 「조선 문단의 회고」, 『신생』 15, 1929. 12.

6 副島道正, 「朝鮮統治의 根本義」(中), 『매일신보』, 1925. 11. 28.

7 『매일신보』, 1929. 4. 25.

8 남윤수·박재연·김영복 편, 「長板橋上의 張飛」, 『양백화 문집』 3, 강원대학교

출판부, 1995, 214쪽.

9 남윤수·박재연·김영복 편, 「역자의 말」, 『양백화 문집』 1, 강원대학교출판부, 1995, 275~276쪽.

10 서경식 지음, 이목 옮김, 『소년의 눈물』, 돌베개, 2004, 96쪽.

11 김태만 외, 「20세기 중국공산당과 정치 발전」, 『쉽게 이해하는 중국문화』, 다락원, 2011.

12 吉川英治, 《三國志》 6, 講談社, 2010, 233쪽.(요시카와 에이지, 이동호 옮김, 《三國志》 1~10, 매일경제신문사, 2013 참고.)

13 箱崎綠, 「日中戰爭期における『三國志演義』再話の特色」, 『比較文學·文化論集』 29, 東京大學比較文學·文化硏究會, 2012, 12쪽.

14 吉川英治, 〈三國志序〉, 《三國志》 1, 講談社, 2010, 3쪽.

15 箱崎綠, 「日中戰爭期における『三國志演義』再話の特色」, 『比較文學·文化論集』 29, 東京大學比較文學·文化硏究會, 2012, 13쪽에서 재인용.

16 吉川英治, 〈蜀山遠し〉, 《三國志》 7, 講談社, 2010, 101쪽.

17 吉川英治, 〈黃巾賊〉, 《三國志》 1, 講談社, 2010, 101쪽.

18 吉川英治, 〈桑の家〉, 《三國志》 1, 講談社, 2010, 89쪽.

19 吉川英治, 〈三國志序〉, 《三國志》 1, 講談社, 2010, 4쪽.

20 가라타니 고진, 조영일 옮김, 『문자와 국가』, 도서출판b, 2011, 29쪽.

21 吉川英治, 〈人間燈〉, 《三國志》 2, 講談社, 2010, 137~138쪽.

22 吉川英治, 〈鷄肋〉, 《三國志》 6, 講談社, 2010, 468쪽.

23 吉川英治, 〈武祖〉, 《三國志》 7, 講談社, 2010, 143~144쪽.

24 吉川英治, 〈武祖〉, 《三國志》 7, 講談社, 2010, 145~146쪽.

25 吉川英治, 강성욱 옮김, 《미야모토 무사시》 6, 문예춘추사, 2015, 96쪽.

26 吉川英治, 강성욱 옮김, 《미야모토 무사시》 6, 문예춘추사, 2015, 97쪽.

27 吉川英治, 강성욱 옮김, 《미야모토 무사시》 7, 문예춘추사, 2015, 48쪽.

28 吉川英治, 강성욱 옮김, 《미야모토 무사시》 10, 문예춘추사, 2015, 250쪽.

29 테사 모리스 스즈키, 김원경 옮김, 『우리 안의 과거』, 휴머니스트, 2006, 37쪽.

30 한용운, 권영민 엮음, 『한용운문학전집』 5, 태학사, 2011, 806쪽.

31 한용운, 권영민 엮음, 위의 책, 806쪽.

32 「격동의 역사와 함께한 조선일보 90년─[10] 일제에 강제 폐간되다」, 조선닷컴, 2010. 2. 5.에서 재인용.

33 昭和十四年中に於ける朝鮮出版警察槪要, 54-55쪽.(최유리, 『일제 말기 식민지 지배 정책 연구』, 국학자료원, 1997, 47쪽에서 재인용.)

34 諺文新聞統制ノ必要性.(최유리, 『일제 말기 식민지 지배 정책 연구』, 국학자료원, 1997, 41쪽에서 재인용.)

35 한용운, 〈桃園結義와 黃巾亂〉, 《삼국지》 1, 『조선일보』, 1939. 11. 1.

36 한용운, 〈曹操의 第一步〉 三, 《삼국지》 24, 『조선일보』, 1939.

37 인하대학교 한국학연구소 기초학문연구단에서 조사한 자료를 정리하면 완역 《삼국지》 중 이문열 《삼국지》가 나오기 전까지 《모종강평본》을 번역 또는 축약, 개작한 작품은 박태원(정음사, 1950), 최영해(정음사, 1953 – 박태원 《삼국지》 를 다시 출판), 김동성(을유문화사, 1960), 박종화(삼성, 1967), 김구용(일조각, 1974), 갈홍기(삼성문화사, 1983), 김동리(우석, 1984), 최현(범우사, 1984), 황병국(범우사, 1984) 등 10여 종이다. 반면 요사카와 《삼국지》를 번역 또는 축약, 개작한 작품은 서인국(평범사, 1952), 방기환(학우사, 1953), 김동리·황순원· 허윤석(박영사, 1958 – 서인국 《삼국지》에 세부 목차를 바꿔 다시 출판), 이성학 (서진문화사, 1958), 김광주(창조사, 1965), 이용호(백조, 1966), 황종규(규문사, 1966), 김해철(불이, 1967), 이인광(강우, 1969 – 김해철 《삼국지》를 다시 출판), 김용제·조성출(문우사, 1974 – 1~5권은 요시카와 에이지 《삼국지》, 6~10권은 나카무라 고오젠 《후삼국지》), 최을림(삼정, 1974), 우현민(박영사, 1975), 양주동(진현서관, 1976), 정비석(민정사, 1979), 방기환·이원섭(지성, 1980 – 1~5권은 요시카와 에이지 《삼국지》, 6~10권은 나카무라 고오젠 《후삼국지》), 채정현(삼중당, 1982 – 이용호 《삼국지》를 역자 이름만 바꿔 출판), 오영(은광사, 1988) 등 20여 종에 이른다.(인하대학교 한국학연구소 기초학문연구단, 『《삼국지》 한국어 역본 해제』, 디인아트, 2005, 15~305쪽 참고.)

38 가라타니 고진, 박유하 옮김, 『일본근대문학의 기원』, 민음사, 1997, 181쪽.

39 吉川英治, 〈流行る童歌〉, 《三國志》 1, 講談社, 2010, 37~38쪽.

40 吉川英治,〈流行る童歌〉,《三國志》1, 講談社, 2010, 29~30쪽.
41 가라타니 고진, 박유하 옮김,『일본근대문학의 기원』, 민음사, 1997, 55쪽.
42 池田弥三郎,『たが身の風景』, 読売新聞社, 1976, 199~201쪽.
43 李孝德, 박성관 옮김,『표상 공간의 근대』, 소명, 2002, 136~137쪽.
44 김정운,『에디톨로지』, 21세기북스, 2014, 167~168쪽.
45 권보드래,『한국 근대소설의 기원』, 소명, 2002, 226쪽.
46 吉川英治,〈岳南の佳人〉,《三國志》1, 講談社, 2010, 263쪽.
47 천정환,『근대의 책 읽기』, 푸른역사, 2003, 286쪽.
48《모종강평본》제49회.
49 吉川英治,〈孔明・風を祈る〉,《三國志》5, 講談社, 2010, 254쪽.
50 吉川英治,〈孔明・風を祈る〉,《三國志》5, 講談社, 2010, 147쪽.
51 吉川英治,〈草喰わぬ馬〉,《三國志》7, 講談社, 2010, 116~117쪽.
52 吉川英治,〈草喰わぬ馬〉,《三國志》7, 講談社, 2010, 117쪽.
53 吉川英治,〈草喰わぬ馬〉,《三國志》7, 講談社, 2010, 114쪽.